Selección poética

y La Gatomaquia

◆ COLECCIÓN FONTANA ◆

Lope de Vega

Selección poética

y La Gatomaquia

Selección
JORGE GARZA CASTILLO

Prólogo y presentación
FRANCESC L. CARDONA
Doctor en Historia y Catedrático

EDICOMUNICACION, S.A.

Selección poética y La Gatomaquia de Lope de Vega

Diseño de cubierta: Quality Design

Edita: Edicomunicación, S. A.
C/. de las Torres, 75.
08042 Barcelona (España)

Impreso en España / Printed in Spain

I.S.B.N: 84-7672-642-2
Depósito Legal: B-921-95

Impreso en:
TALLERES GRÁFICOS SOLER, S.A.
Enric Morera, 15
Esplugues de Llobregat (Barcelona)

ESTUDIO PRELIMINAR

Lope de Vega: el hombre y su mundo

Lope Félix de Vega Carpio nació en Madrid el 25 de noviembre de 1562. De linaje humilde, a diferencia de su hermana Isabel, que casi no supo nunca firmar (de su otro hermano existen pocas noticias), fue un muchacho precoz en el manejo del latín y el castellano, como músico y cantor y como espadachín, pero mal estudiante, tanto en el Colegio de los Jesuitas como en Alcalá de Henares, donde se graduó de bachiller y regresó después a la capital.

Se ha dicho que, así como la aventura iba en busca de Cervantes, Lope, por el contrario, buscaba la aventura de las armas y sobre todo del amor. En 1583 participó, al parecer, en la expedición a las Azores. Su primer amor, de su larga lista, será Elena Osorio (la *Filis* de su poesía), hija de cómicos, muy hermosa y coqueta, que aunque primero le correspondió, después, empujada por la familia, terminó prefiriendo a otro más rico. Despechado, escribió unos libelos difamatorios, el rival le desafió a duelo, Lope le hirió y terminó con sus huesos en la cárcel cuando ya era correspondido por doña Isabel de Urbina (Belisa), con quien desde la prisión casaría por poderes. Un amigo le ayudó a escapar y tras raptar a la que ya era su mujer, huyó a Valencia donde se dedicó a escribir versos y comedias.

Aburrido por aquella monotonía, se alistó en la Armada Invencible contra Inglaterra. Derrotada la gran flota española, regresó desengañado a Valencia, donde pasó algunos años tranquilo junto a su esposa, continuando una producción literaria que le iba catapultando hacia la cumbre de los escritores. Poco después buscó la protección del duque de Alba, que le nombró su secretario, pero para ello volvió a la corte y entonces falleció su esposa.

Al servicio del marqués de Malpica, entró después en el del conde de Lemos, el mismo mecenas de Cervantes. Con el conde asistió en Valencia a las bodas de Felipe III y de su hermana Isabel Clara Eugenia con los archiduques de Austria, Margarita y Alberto. Por aquel entonces se fijó en Juana de Guardo, rica heredera, pero sin instrucción, mientras a la vez sostenía amores con Micaela Luján (la *Camila Lucinda* de sus versos), hija de cómicos, dedicada a la comedia y casada. Se unió en matrimonio con Juana, que quiso mucho al poeta y le dio un hijo, muy amado por Lope, que desgraciadamente moriría a los seis años, pérdida que arrastraría a su madre al sepulcro.

En 1603, Micaela quedó viuda y continuó sus relaciones con Lope, sin ninguna atadura por parte de éste. Micaela le dio cinco hijos, entre ellos Marcela, a la que Lope profesó un amor entrañable, y Lope Félix (Lopito).[1] En la cúspide de su gloria como escritor entró al servicio del duque de Sessa, personaje libertino que en su juventud sólo buscaba el placer; por ello llenó a Lope de cargos y prebendas a cambio de que le facilitara múltiples aventuras.

En 1613 falleció su hijo Carlos Félix y su madre Juana de Guardo le siguió también al sepulcro. Lope, al que por

1 A quien dedicará *La Gatomaquia*.

estos años se vio preso de una crisis espiritual, se ordenó sacerdote.

Sin embargo, tuvo que mantener una lucha titánica contra su fuerte naturaleza, que necesitaba una y otra vez la presencia de una mujer a su lado a quien amar. Entre estas aventuras de senectud, la más famosa fue la sostenida con Marta de Nevares (la *Amarilis* de sus poemas), también casada, pero con la que igualmente tuvo una hija. La madre al poco tiempo quedó ciega y después se volvió loca. A su muerte, escribe magistralmente Lope:

> ...no quedó sin llorar pájaro en nido,
> pez en el agua ni el monte fiera...
> lloró cuanto es amor; hasta el olvido
> a amar volvió porque llorar pudiera;
> y es la locura de mi amor tan fuerte,
> que pienso que lloró también la muerte.

Marcela, la hija de Lope con Micaela Luján, profesaría en un convento (1622); diez años después, Antonia Clara (Antoñica), hija del poeta con Marta de Nevares, se fugaría con un noble de la corte, un tal Cristóbal Tenorio (fijémonos en el apellido),[2] al tiempo que Lope Félix, su hermano, también fallecería.

La última época de su vida fue para el poeta de una soledad total y muy amarga, hay quien dice que llegaba a disciplinarse. Falleció el 27 de agosto de 1635, en pleno reinado de Felipe IV, y entonces todo Madrid fue a dar el postrer adiós a su gran escritor.

2 Suceso reflejado por Lope en su égloga *Filis.*

Producción literaria

Fue inmensa. De las 1800 comedias y 400 autos que le atribuyó su amigo y primer biógrafo Juan Pérez de Montalbán, han llegado hasta nosotros 470, además de unas setenta piezas cortas (autos, coloquios, entremeses, etc.), número suficiente para considerarlo el autor más prolífico de todos los tiempos.

TEATRO

Muy difícil de clasificar por la enorme variedad temática. Sobresalen entre ésta:

Comedias de capa y espada

Dentro de su frivolidad aparente, pueden encerrar una seria enseñanza: *La dama boba, Los melindres de Belisa, El acero de Madrid.*

Comedias amorosas

Semejantes al anterior grupo, pero sus protagonistas pertenecen a una clase social superior a los estratos más bajos de la nobleza. Así, por ejemplo, *El perro del hortelano.*

Comedias pastoriles

Belardo el furioso, La Arcadia, El verdadero amante.

Comedias novelescas

El marqués de Mantua, Las mocedades de Roldán.

COMEDIAS RELIGIOSAS

Inspiradas en temas bíblicos o en vidas de santos: *La hermosa Ester, La buena guarda.*

COMEDIAS HISTÓRICAS

El duque de Viseo; Fuenteovejuna; El mejor alcalde, el rey; Peribañez y el comendador de Ocaña; El villano en su rincón; El caballero de Olmedo.

OBRAS EN PROSA

Cuatro novelas cortas dedicadas a Marcia Leonarda (Marta de Nevares); una novela larga: *El peregrino en su patria.* Al género pastoril pertenece *La Arcadia,* y como obra más relevante, *La Dorotea.*

ARTE NUEVO DE HACER COMEDIAS

Publicado en 1609, rechaza las unidades clásicas aristotélicas de lugar acción y tiempo, reduce el número de actos de cuatro a tres. Utiliza gran variedad de formas métricas y busca en la historia y leyendas de España su fuente de inspiración. Su teatro es por encima de todo un teatro de enredo que se vale de los lances de amor y de honor. La acción relata aventuras amorosas, desafíos, asesinatos, raptos, equívocos de mujeres disfrazadas de hombres, sobresalientes sorpresas, etc. Sin embargo, junto a esta desbordante fantasía, la ambientación respira realismo por los cuatro costados, basada en los ambientes más castizos del terruño hispano y en sus gentes del Siglo de Oro; incluso en las comedias, cuya trama se sitúa en tierras lejanas y en tiempos remotos, los personajes son auténticos retratos de españoles de los primeros decenios del siglo XVII.

Estudio especial de la poesía lírica de Lope de Vega

Deslumbrados por la abundancia de su obra teatral, los críticos olvidaron con frecuencia que Lope, además de ser el más grande de los dramaturgos hispanos —Calderón le aventaja sólo en algunos aspectos—, es uno de los mejores líricos de la poesía castellana. Con Góngora y Quevedo constituye la extraordinaria trinidad poética de su momento. Sin embargo, sus libros más estrictamente líricos: las tres series de rimas de 1602, 1614 y 1634, no fueron reeditadas hasta nuestro tiempo. Los especialistas distinguen dos etapas en la poesía del Fénix, separadas por el año 1613 en que se divulgan por Madrid las *Soledades* y el *Polifemo* de Góngora, de tanta influencia sobre Lope. También hay quien las divide según secuencia biográfica: Ciclo del romancero y de Elena de Osorio (1578-1590); de la Arcadia, Belisa o Alba (1590-1595); de Camila Lucinda, que alternaría con el del hogar y el sacerdocio (1596-1624); el de Amarilis y el gongorismo (1617-1627), y el ciclo de la vejez (1627-1635).

El ciclo del «Romancero»

Sus romances más famosos fueron imitados y reelaborados, consecuencia de ello fueron las dificultades de atribución. Los denominados «moriscos» en los que el autor desdoblado en moro o pastor, y creador de un mundo oriental o bucólico como escenario de sus amores, son unos cuarenta. Lope bajo el disfraz de Zaide, Gazul, Azarque, Adulce o Muza, sublima el episodio de su idilio con Elena Osorio.

Simultáneo o posterior es el romancero pastoril. Veintiocho están dedicados a Filis y alrededor de una docena a

Belisa. Lope se esconde esta vez bajo el disfraz de Belardo y con menor frecuencia en el de Albanio, Salicio o Celindo. Paralelamente salieron a la luz una extraordinaria serie de «sonetos de los mansos».

Las «rimas»: Camila Lucinda

Doscientos sonetos integran el grueso del libro. La mayoría están dedicados a Micaela de Luján, bajo el seudónimo de Camila Lucinda o Lucinda; tampoco faltan los referidos a Elena Osorio. Al frente de ellos figura el que comienza: «Versos de amor, conceptos esparcidos». Ciento diecisiete se hallan dedicados al tema amoroso, pero hay también sonetos descriptivos, mitológicos o históricos, en los que Lope se adelanta a su tiempo y anticipa las escuelas parnasianas francesas del siglo XIX por su plasticidad y exotismo, expresados en formas rotundas y tersas.

Lope es el maestro del soneto, condensa, ajusta la expresión y cierra con maestría la composición resultando éste el momento culminante.

Los versos sacros y divinos

Corre 1612 y el poeta convive con Juana Guardo y su hijo Carlos Félix de 6 años, al que dedica los *Pastores de Belén,* libro de «prosa y versos divinos» con los villancicos más hermosos de la literatura castellana. La desgracia se ceba en Lope, al año siguiente, fallece su hijo bienamado y poco después, la madre de Carlos Félix. Lope compondrá entonces las *Rimas sacras* (1614), llenas de dolor y sincero arrepentimiento. Cristo es entonces el enamorado del Alma del poeta. No olvidemos añadir aquí una de las elegías más desgarradoras y admirables de la literatura castellana, la que recuerda al hijo muerto.

La influencia de Góngora

La influencia de Góngora prende en Lope y ya no podrá sustraerse a ella. Había intentado hacerlo, pero la aparición de las *Soledades* fue demasiado. Lope intenta entonces superar a Góngora en oscuridad y a veces lo logra. En *La Filomena* y *La Circe* (1621 y 1624) recoge su producción posterior al triunfo del gongorismo.

Nuevo amor de Lope: Marta de Nevares. Lope se transforma en un poeta primero neoplatónico (el soneto con que concluye *La Circe*) y después burlesco y desengañado, como si quisiera olvidar con ello sus relaciones sacrílegas.

La senetud y el desengaño

Después de los *Triunfos divinos* (1625), le llega a Lope la vejez. Góngora desaparece en 1627, pero su fama no amengua. Marta de Nevares termina ciega y loca. La depresión se apodera de Lope hacia 1630. Sin embargo, su respuesta a ésta será *La Dorotea* (1632). Dedica entonces una bellísima serie de romances a la muerte de Marta de Nevares. Describe el panorama poético de su tiempo: el *Laurel de Apolo*. Expresa toda su amargura en la *Égloga a Claudio,* en estilo epistolar y en *Huerto deshecho* expresa su amargura a la Corona, que se ha olvidado de Lope.

Las *Rimas humanas y divinas del licenciado Tomé de Burguillos,* que salen a la luz en 1634, constituyen el último gran libro poético lopesco. La base de la obra son 161 sonetos y *La Gatomaquia.* Algunos de los poemas no son de esta época, sino de la juventud de Lope, si bien han sufrido un proceso de reelaboración. De los veinte sonetos compuestos «en serio» sobresale el dedicado una vez más al recuerdo de Marta de Nevares. Burguillos es un personaje inventado por Lope, al que le adjudica además una ficticia biografía. A través de él saca a relucir un humor desengañado.

La Gatomaquia es un inigualable poema épico de carácter heroico-burlesco en silvas, escrito al parecer hacia 1610, aunque publicado mucho después (1634). En él afirma el autor las características del barroco y se burla de las innovaciones que pretende Góngora. Ataca al lenguaje culto gongorino y satiriza la época y sus costumbres. La idea del paralelo burlesco arranca de la literatura griega, pero quizá debió inspirarse más cercanamente de *La muerte, entierro y honras de Crispina Marauzmana, gata de Juan Crespo. En tres cantos de octava rima titulados «La gaticida»*, original de Cintio Meretisso (París, 1604).

Vemos pues que la ancianidad de Lope no fue decadente, antes al contrario, al igual que sucedería siglos más tarde con Goethe, representa quizá su etapa de mayor calidad creadora. Sin alcanzar las cumbres de la gran poesía mística, pocos seres humanos han expresado su fe de creyente y (una y otra vez) su contricción con tonos más auténticos. No es fácil, en la frondosidad de su obra, realizar una antología a gusto de todos, porque tanto en la poesía como en el teatro, es el desbordamiento vital de su lirismo ante el que cualquier intento de selección fracasa. Todo en Lope es indivisible, complejo, múltiple y, sin embargo, uno. Tres siglos de análisis no han sido suficientes para terminar siendo eficientemente representado en todas las antologías.

La obra poética de Lope, al igual que sucede con la dramática, es una sucesión de aciertos que una y otra vez culmina en una creación perfecta. El genio de Lope se desborda y crea de una forma tan abundante por un don natural que a muy pocos escritores como a él le fue concedido. Es quizás un caso único en el Parnaso de las letras. Se ha dicho que Lope era la naturaleza poética de la edad moderna. Su arte se crea por generación «espontánea», como la tierra y las aguas hacen surgir los árboles.

Su simbiosis del lírico culto con la tradición milenaria del pueblo consigue hacer de Lope un poeta auténticamente nacional, en la que combina tradicional y renovación en maravillosa síntesis. El neopopulismo de la denominada Generación del 27, con García Lorca a la cabeza, gran admirador de Lope, es la mejor demostración de la trascendencia de todo lo lopesco. Maravilla su perfección rítmica, la frescura de su vocabulario y la gracia de la línea y el diseño poemático.

F. L. CARDONA

NOTA: Nuestra edición se ha efectuado siguiendo el criterio ordenador de Federico Sainz de Robles, en su *Obras selectas* (de Lope Félix de Vega Carpio), Aguilar, Madrid, 1947.

J. G. C.

SELECCIÓN POÉTICA

de

Lope de Vega

RIMAS

(Madrid, 1602 — Sevilla, 1604)

SONETOS

1

Versos de amor, conceptos esparcidos,
engendrados del alma en mis cuidados,
partos de mis sentidos abrasados,
con más dolor que libertad nacidos;

expósitos al mundo en que perdidos
tan rotos anduvisteis y trocados
que solo donde fuisteis engendrados
fuérades por la sangre conocidos.

Pues que le hurtáis el laberinto a Creta,
a Dédalo los altos pensamientos,
la furia al mar, las llamas al abismo,

si aquel áspid hermoso no os aceta,
dejad la tierra, entretened los vientos,
descansaréis en vuestro centro mismo.

2

Cuando imagino de mis breves días
los muchos que el tirano amor me debe
y en mi cabello anticipar la nieve
más que en los años las tristezas mías,

veo que son sus falsas alegrías
veneno que en cristal la razón bebe
por quien el apetito se le atreve
vestido de mis dulces fantasías.

¿Qué hierbas del olvido ha dado el gusto
a la razón, que sin hacer su oficio
quiere contra razón satisfacelle?

Mas consolarse quiere mi disgusto,
que es el deseo del remedio indicio,
y el remedio de amor, querer vencelle.

10

Cuando pensé que mi tormento esquivo
hiciera fin, comienza mi tormento,
y allí donde pensé tener contento,
allí sin él desesperado vivo.

Donde enviaba por el verde olivo,
me trujo sangre el triste pensamiento;
los bienes que pensé gozar de asiento
huyeron más que el aire fugitivo.

Cuitado yo, que la enemiga mía
ya de tibieza en hielo se deshace,
ya de mi fuego se consume y arde

Yo he de morir y ya se acerca el día,
que el mal en mi salud su curso hace,
y cuando llega el bien, es poco y tarde.

25

Antes que el cierzo de la edad ligera
seque la rosa que en tus labios crece,
y el blanco de ese rostro, que parece
cándidos grumos de lavada cera,

estima la esmaltada primavera
Laura gentil, que en tu beldad florece,
que con el tiempo se ama y se aborrece,
y huirá de ti quien a tu puerta espera.

No te detengas en pensar que vives,
¡oh Laura!, que en tocarte y conponerte
se entrará la vejez sin que la llames.

Estima un medio honesto y no te esquives;
que no ha de amarte quien viniere a verte,
Laura, cuando a ti misma te desames.

35

Ardese Troya, y sube el humo oscuro
al enemigo cielo, y entre tanto

alegre Juno mira el fuego y llanto,
¡venganza de mujer, castigo duro!

El vulgo, aun en los templos más seguro,
huye, cubierto de amarillo espanto,
corre cuajada sangre el turbio Janto,
y viene a tierra el levantado muro.

Crece el incendio propio al fuego extraño,
las empinadas máquinas cayendo
de que se ven rüinas y pedazos.

Y la dura ocasión de tanto daño,
mientras vencido París muere ardiendo
del griego vencedor duerme en los brazos.

37

Céfiro blando, que mis quejas tristes
tantas veces llevaste; claras fuentes,
que con mis tiernas lágrimas ardientes
vuestro dulce licor ponzoña hicistes;

selvas, que mis querellas esparcistes;
ásperos montes, a mi mal presentes;
ríos, que de mis ojos siempre ausentes,
veneno al mar, como tirano, distes;

pues la aspereza de rigor tan fiero
no me permite voz articulada,
decid a mi desdén que por él muero.

Que si la viere el mundo transformada
en el laurel que por dureza espero,
de ella veréis mi frente coronada.

61

Ir y quedarse y, con quedar, partirse,
partir sin alma y ir con alma ajena
oír la dulce voz de una sirena
y no poder del árbol desasirse;

arder como la vela y consumirse
haciendo torres sobre tierna arena;
caer de un cielo y ser demonio en pena
y de serlo jamás arrepentirse;

hablar entre las mudas soledades
pedir, pues resta, sobre fe paciencia,
y lo que es temporal llamar eterno;

creer sospechas y negar verdades,
es lo que llaman en el mundo ausencia
fuego en el alma y en la vida infierno

70

De Andrómeda

Atada al mar Andrómeda lloraba,
los nácares abriéndose al rocío,
que en sus conchas cuajado el cristal frío,
en cándidos aljófares trocaba.

Besaba el pie, las peñas ablandaba
humilde el mar, como pequeño río;

volviendo el sol la primavera estío,
parado en su cenit la contemplaba.

Los cabellos al viento bullicioso
que la cubra con ellos le rogaban
ya que testigo fue de iguales dichas;

y celosas de ver su cuerpo hermoso,
las nereidas su fin solicitaban:
que aun hay quien tenga envidia en las desdichas.

72

A UNA DAMA QUE TENÍA LOS OJOS ENFERMOS

Si estáis enfermos, dulces ojos claros,
no os espantéis, pues tantos os desean,
que no es posible, si dejáis que os vean,
que dejen de quereros y envidiaros.

Mis pensamientos, no temiendo hallaros,
libres de la justicia se pasean;
como el sol, cuando nubes le rodean,
dicen mis ojos que podrán miraros.

Enfermos soles y nublados cielos,
hoy tomaron venganza mis enojos
porque en la condición mudéis de estilo.

Si azules fuisteis por matar con celos,
hoy como espada quedaréis, mis ojos,
que tiene de cortar gastado el filo.

80

Mis recatados ojos, mis pasiones,
mas encogida que mi amor quisiera;
mi fe, que en vuestras partes considera
la cifra de tan altas perfecciones:

el justo limitar demostraciones,
el mudo padecer, que persevera,
la voluntad, que en siendo verdadera,
libra para las obras las razones.

Todos, señora, os dicen que esperando
están de vos lo que el amor concede
a los que saben padecer callando.

Si el tiempo vuela y la fortuna puede,
no hay esperar como callar amando,
ni amor que calle que sin premio quede.

97

Tristezas, si el hacerme compañía
es fuerza de mi estrella y su aspereza,
vendréis a ser en mí naturaleza
y perderá su fin vuestra porfía.

Si gozar no merecen de alegría
aquellos que no saben qué es tristeza,
¿cuándo se mudará vuestra firmeza?
¿Cuándo veré de mi descanso el día?

Sola una gloria os hallo conocida:
que si es el fin el triste sentimiento
de las alegres horas desta vista,

vosotras le tendréis en el contento;
mas, ¡ay!, que llegaréis a la partida,
y llevaráse mi esperanza el viento.

101

Cayó la torre que en el viento hacían
mis altos pensamientos castigados,
que yacen por el suelo derribados,
cuando con sus extremos competían.

Atrevidos al sol llegar querían
y morir en sus rayos abrasados,
de cuya luz contentos y engañados
como la ciega mariposa ardían.

¡Oh siempre aborrecido desengaño,
amado al procurarte, odioso al verte,
que en lugar de sanar abres la herida!

Pluguiera a Dios duraras, dulce engaño;
que si ha de dar un desengaño muerte,
mejor es un engaño que da vida.

126

Desmayarse, atreverse, estar furioso
áspero,tierno, liberal, esquivo,

alentado, mortal difunto, vivo,
leal, traidor, cobarde y animoso:

no hallar fuera del bien centro y reposo,
mostrarse alegre, triste, humilde, altivo,
enojado, valiente, fugitivo,
satisfecho, ofendido, receloso;

huir el rostro al claro desengaño,
beber veneno por licor süave,
olvidar el provecho, amar el daño;

creer que un cielo en un infierno cabe,
dar la vida y el alma a un desengaño:
esto es amor; quien lo probó lo sabe.

133

Ya no quiero mas bien que sólo amaros,
ni más vida, Lucinda, que ofreceros
la que me dais cuando merezco veros,
ni ver más luz que vuestros ojos claros.

Para vivir me basta desearos,
para ser venturoso conoceros,
para admirar el mundo engrandeceros,
y para ser Eróstrato abrasaros.

La pluma y lengua respondiendo a coros,
quieren al cielo espléndido subiros,
donde están los espíritus más puros:

que entre tales riquezas y tesoros
mis lágrimas, mis versos, mis suspiros
de olvido y tiempo vivirán seguros.

137

A la noche

Noche, fabricadora de embelecos,
loca, imaginativa, quimerista,
que muestras al que en ti su bien conquista
los montes llanos y los mares secos;

habitadora de cerebros huecos,
mecánica, filósofa, alquimista,
encubridora vil, lince sin vista,
espantadiza de tus mismos ecos:

la sombra, el miedo, el mal se te atribuya,
solícita, poeta, enferma, fría,
manos del bravo y pies del fugitivo.

Que vele o duerma, media vida es tuya:
si velo, te lo pago con el día,
y si duermo, no siento lo que vivo.

149

Cadenas desherradas, eslabones,
tablas rotas del mar en sus riberas,
tronchadas astas de alabardas fieras,
reventados mosquetes y cañones;

ruinas de combatidos torreones,
a cuya vista forma blancas eras
el labrador jirones de banderas,
abollados sangrientos morrïones;

jarcias, grillos, reliquias de estandartes,
cárcel, mar, guerra, Argel, campaña y vientos
muestran en tierra o templo suspendidos.

Y así mis versos en diversas partes,
mi amor cautivo, el mar de mis tormentos
y la guerra mortal de mis sentidos.

150

Rota barquilla mía, que arrojada
de tanta envidia y amistad fingida,
de mi paciencia por el mar regida
con remos de mi pluma y de mi espada,

una sin corte y otra mal cortada,
conservaste las fuerzas de la vida,
entre los puertos del favor rompida
y entre las esperanzas quebrantada.

Sigue tu estrella en tantos desengaños;
que quien no los creyó sin duda es loco,
ni hay enemigo vil ni amigo cierto.

Pues has pasado los mejores años,
ya para lo que queda, pues es poco,
ni temas a la mar ni esperes puerto.

189

Querido manso mío, que vinistes
por sal mil veces junto aquella roca,
y en mi grosera mano vuestra boca
y vuestra lengua de clavel pusistes,

¿por qué montañas ásperas subistes
que tal selvatiquez el alma os toca?
¿Qué furia os hizo condición tan loca
que la memoria y la razón perdistes?

Paced la anacardina porque os vuelva
de ese cruel e interesable sueño
y no bebáis del agua del olvido.

Aquí está vuestra vega, monte y selva,
yo soy vuestro pastor y vos mi dueño,
vos mi ganado y yo vuestro perdido.

ÉGLOGAS

A LA CREACIÓN DEL MUNDO

Aquel divino Pintor
de la fábrica del orbe,
que puso tanto artificio
en las dos tablas mayores;
el que dio ser a la luz
sobre aquel abismo informe,
y dividió las tinieblas

de los claros resplandores;
el que puso nombre al día
y a la temerosa noche,
y en la mitad de las aguas
hizo el firmamento noble;
que bordó el cielo de estrellas,
la tierra esmaltó de flores,
el aire de varias aves,
el mar de peces disformes;
aquel que colgó del cielo
dos lámparas, dos faroles,
que eternamente alumbrasen
de un polo a otro conformes;
hizo otro mundo pequeño
y a su semejanza diole
forma y ser, que la materia
dio la tierra, limo entonces;
a imagen de Dios, en fin,
hembra y varón, y mandóles
bendiciéndoles, crecer
y multiplicar su nombre.
Mandóles henchir la tierra,
y que los más altos montes
sujetasen a sus plantas
del ocaso a los triones.
Peces y aves, que en mar y aire
vuelan y nadan sin orden,
y de la tierra en que pacen
los animales feroces;
y por las azules aguas
las ballenas y tritones
con mil círculos y esferas

rompen la espuma veloces.
Ya las focas y delfines,
dando a los peñascos bordes,
las fortunas pronostican,
las tempestades conocen.
Ya los fieros cocodrilos
armados de conchas dobles,
quieren salir a la orilla
desde las aguas salobres.
Ya la púrpura previene
trocar su sangre en colores,
con que la grana se tiña
que a Tiro en nobleza honre.
Ya los nácares del mar
sobre las peñas se ponen,
para que en ellos el alba
sus tiernas lágrimas llore.
Ya la rémora pequeña
con arrogancia se opone
a las venideras naves,
del mar atrevidas torres.
Ya los glaucos con temor
los tiernos hijos se comen,
que arrojan vivos en viendo
pasar los peces mayores.
Ya la murena labrada
es de las aguas azote,
ya para engañar la pesca
el pólipo el cuerpo encoge.
Ya el Orco oprime las aguas,
ya el pez-espada las sorbe,
ya, finalmente, se mueven

cuantos su elemento esconde.
Las águilas por el aire,
cuya pluma no corrompe
el tiempo, y que se renuevan
como tres veces se mojen.
Vuelan y prueban sus hijos
a los más ardientes soles,
para que si no le miran,
de los nidos los arrojen.
Ya purifican el mar
los casados alcïones
en el rigor del invierno,
hasta que a la tierra tornen.
Ya el ánade caluroso
de azul y de oro compone
el cuello, ya el blanco cisne
quiere llorar a Faetonte.
Ya la piadosa cigüeña
sus viejos padres acoge,
ya del silencio la grulla
quiere dar ejemplo al hombre.
Ya las palomas de Venus
dan principio a sus amores,
ya los psitacos comienzan
a imitar humanas voces.
Ya, cual si a Magno Alejandro
vieran los indios pavones,
los ojos de Argos levantan,
soberbios de sus favores.
Ya los faisanes, a quien
dio el río Fasis su nombre,
ya la corneja y el búho,

llenos de agüeros enormes;
el milano, que del austro
engendra, y no se conoce
que haya varón, vuelan, suben
diez a diez y doce a doce.
Ya los avestruces pardos
rizan plumas, con que adorne
la futura soldadesca
celadas y morrïones.
Las garzas y martinetes
para los grandes señores
negras y blancas las crían
por las lagunas y bosques.
Ya el pelícano a sus hijos
hace que a la vida tornen,
mordidos de las serpientes,
y las entrañas se rompe.
Ya la pintada perdiz
quiere consagrarse a Jove,
ya sin saber su tragedia
cantan Filomena y Progne.
Ya los correos del día
a los rudos labradores
piensan servir con su canto
de domésticos relojes.
Ya mira el árabe fénix
los árboles del Orontes
para hacer su nueva patria
sobre encendidos carbones.
En fin, cuantas visten plumas
al claro viento descogen
las alas, y en ramo o peña

duermen, anidan y ponen.
Ya relinchan los caballos
de diferentes naciones,
ya los lobos se aperciben
a enmudecer los pastores.
Ya se arroja a los panales
el oso, ya salta y corre
más soberbio el jabalí
que después de muerto Adonis.
Ya el toro muestra más furia
que cuando en el cielo dore
el sol por segundo signo
su piel de color de bronce.
Las ovejas, los corderos
y los ciervos corredores
pacen la hierba a los prados,
y el ramón tierno a los robles.
Ya el erizo y la raposa
a batallar se disponen,
lo que niega el elefante
por celos, aunque le toquen.
Ya el camello enturbia el agua
para volver con pies torpes,
ya vengan el adulterio
los generosos leones.
Ya el tigre indiano parece
que sigue a los cazadores,
y la hermafrodita hiena
quiere intentar sus traiciones.
Ya por conservar la vida
muestran valor los castores,
y mueven su inmenso cuerpo

los grandes rinocerontes.
Ya la salamandra fría
matar el fuego propone
con el hielo del veneno
que en sus entrañas recoge.
Ya se sustentan del aire
los vanos camaleones,
figura de los que escuchan
las lisonjas de la corte.
Ya ladra el perro leal,
ya las serpientes atroces
a batalla desafían
a los indianos dragones.
En fin, cuantos por el campo
mugen, saltan, ladran, corren,
relinchan, rugen y gruñen,
balan, silban, pacen, roen.
Ya los árboles se ensalzan,
hayas, castaños y bojes,
fresnos, cipreses, alisos,
cedros, naranjos, limones
la encina y hiedra lasciva,
mirra, cinamomo, aloes,
el pobo, el moral prudente,
sauce, espino, laurel, roble,
palma, pino, tejo, higuera,
lentisco enebro, alcornoque,
olmo, selval, murta, mirto,
acebuches, ciclamores,
plátanos, acanas, lotos,
ébanos de duro corte,
coavas y terebintos,

saúcos de infame nombre,
nísperos y rododafnes,
cornicabras en los montes,
damascos, espinos, ornos
almendros temiendo el norte,
bálsamos, abetos, citros,
almácigos, aceroles,
avellanos y granados,
perales, melocotones,
pinastros, pérsicos, guindos,
cabrahigos trepadores,
manzanos, loros, cerezos,
tarayes y cameropes,
membrillos, endrinos, peros,
azufaifos bergamotes,
algarrobas y madroños,
almeces, jarales torpes,
olivas y pinabetes,
y todos cuantos traspone
rústica mano, que rinden
dulce fruta a sus sazones.
Ya las cañas de los trigos
temen las primeras hoces,
ya parecen por los prados
diversas hierbas y flores:
la rosa, el lirio, el clavel,
la azucena, el jazmín noble,
el alhelí varïado
de diversos tornasoles,
manutisas, violetas,
jacintos que Apolo adore,
mosquetas, brotavos, salvias,

las clicies o mirasoles,
rosmarinos, ametistes,
de aromáticos olores
tomillos, casias y acantos,
los tréboles de hojas pobres.
Finalmente, monte y campo
quiere que se esmalte y borde,
y un vergel que labra en medio
a los demás antepone.
Este riegan cuatro ríos
por Hevilat el Fisonte,
donde el oro y piedras nacen
hacia la parte del Norte.
Llámanse los otros tres
Eufrates, Tigres, Gehonte,
por Etiopía y Asiria
el mar sus cristales sorbe.
Puso Dios en él a Adán
diciendo que coma y goce
cuantos árboles le agraden,
cuantas frutas se le antojen.
Sólo el del bien y del mal
entre todas reservóle
diciéndole: «Advierte, Adán,
que morirás si le comes.»
Trájole las fieras y aves
para que les diese nombre;
diósele Adán, y no halló
su igual, su ayuda conforme.
Pero el Criador increado
echóle sueño, y durmióse,
y entonces de sus espaldas

una costilla sacóle.
Cubrióla de carne y luego
en la mujer transformóse
más hermosa que vio el sol,
como a Nazaret no toque.
Viola Adán, y dijo a Eva
(que así quiso que se nombre):
«Carne de mi carne y hueso
de mis huesos»; ved qué amores.
Mas por ella ha de dejar
su madre y su padre el hombre
que han de ser dos y una carne;
bodas de Dios, rico dote.
Allí tuvieron principio:
que si amor se corresponde,
en felicísimo estado
oro y laurel le corone.
Eva y Adán, finalmente,
iban desnudos por donde
aunque otros ojos los vieran,
no les salieran colores.

EPITAFIOS FÚNEBRES A DIVERSOS SEPULCROS

DE FILIPO II, EL PRUDENTE

Aquí en breve tierra yace,
si es tierra quien alma fue,
un rey en quien no se ve
lo que la tierra deshace.

Fue tan alto su vivir,
que solo el alma vivía,
pues aun cuerpo no tenía
cuando acabó de morir.

DE SEMPRONIO, CORTESANO

Un jugador que solía
de lengua, que no de manos,
ser tahúr de cuentos vanos
y hablar sin ortografía,

muerto de hablar, no cansado,
yace en este espacio breve.
Séale la tierra leve,
aunque él fue a todos pesado.

DE ERASTENES, MÉDICO

Enseñé, no me escucharon;
escribí, no me leyeron;
curé mal, no me entendieron;
maté, no me castigaron.

Ya con morir satisface;
¡oh muerte!, quiero quejarme;
bien pudieras perdonarme
por servicios que te hice.

DE JULIA, HECHICERA FAMOSA

Sepulta esta losa helada
una mujer que pudiera
como la nieve lo fuera,
dejar la nieve abrasada:

que si a la muerte el rigor
no trocó, siendo mujer,
fue porque no pudo ser
sin carne imprimir calor.

DE FILONTE, BRAVO

Hendí, rompí, derribé,
rajé, deshice, rendí,
desafié, desmentí,
vencí, acuchillé, maté.

Fui tan bravo, que me alabo
en la misma sepultura.
Matóme una calentura:
¿cuál de los dos es mas bravo?

SOLILOQUIOS

(Salamanca, 1612)

CUATRO SOLILOQUIOS DE LOPE DE VEGA CARPIO

LLANTO Y LÁGRIMAS QUE HIZO ARRODILLADO DELANTE DE UN CRUCIFIJO PIDIENDO A DIOS PERDÓN DE SUS PECADOS DESPUÉS DE HABER RECIBIDO EL HÁBITO DE LA TERCERA ORDEN DE PENITENCIA DEL SERÁFICO FRANCISCO

SOLILOQUIO PRIMERO

Dulce Jesús de mi vida
¡qué dije!, esperá, no os vais:
que no es bien que vos seáis
de una vida tan perdida.

Pero si no sois de mí,
yo, mi Jesús, soy de vos,
porque quiero hallar en Dios
esto que sin Dios perdí.

Mas ya vuelvo a suplicaros
que de mi vida seáis;
que si vos no me la dais,
no tendré vida que daros.

Deseo daros mi vida,
y sin vos no es daros nada,
porque con vos va ganada,
cuanto sin vos va perdida.

Muérome de puro amor
por llamaros vida mía:
que la que sin vos perdía,
ya no la tengo, Señor.

Pues vuestra piedad me adiestra
como a oveja reducida,
quiero llamaros mi vida,
aunque he sido muerte vuestra.

Vida mía, en este día
me habréis de hacer un favor,
¡oh, qué bien me va, Señor,
con llamaros vida mía!

Luego que vida os llamé,
a pediros me atreví,
¡porque el regalo sentí
que en vuestros brazos hallé.

Y es que jamás permitáis
que otra vida sin vos tenga:
que no es bien que a vivir venga
vida donde vos no estáis.

¡Ay Jesús! ¿Cómo viví
solo un momento sin vos?
Porque si la vida es Dios,
¿qué vida quedaba en mí?

¡Qué cosas tuve por vida
tan miserables y tristes!
¿Es posible que pudistes
sufrir cosa tan perdida?

Pero sospecho, mi Dios,
que fue permitido así,
para que viesen en mí
qué sufrimiento hay en vos.

Pero no le habéis perdido,
¡oh soberana piedad!,
pues conozco mi maldad
por lo que me habéis sufrido.

Porque sé de aquel vivir
como si Dios no tuviera:
que quien menos que Dios fuera
no me pudiera sufrir.

¡Qué de veces os negué
por confesar mi locura
a la fingida hermosura
donde no hay verdad ni fe!

Si la vuestra en la cruz viera,
¡ay Dios y cuánto os amara!
¡Qué de lágrimas llorara
qué de amores os dijera!

No sé, mi bien, qué os tenéis,
que todo me enamoráis,

o es que, como abierto estáis,
mostráis lo que me queréis.

Amenazado de vos,
parece que no os temí,
y lleno de sangre sí;
decid, ¿qué es esto, mi Dios?

¡Oh, qué divinos colores
os hace esa sangre fría!
¡Oh, cómo estáis, vida mía,
para deciros amores!

Pero ya que me provoco
en veros con tal dolor
harto os he dicho, Señor;
dejadme llorar un poco.

SOLILOQUIO II

Venid, Señor celestial,
que os llamo de lo profundo
de los trabajos del mundo,
que me tuvieron mortal.

No tardéis de remediarme;
que no es ya el tiempo, Dios mío,
que de puro helado y frío,
no pudisteis abrasarme.

Dicen que me habéis buscado;
por eso, Señor, os pido

que en hombros este perdido
llevéis a vuestro ganado.

Llevadme, mi bien, mi luz
pues que mi remedio os nombro:
que ya me conoce el hombro
desde que fui vuestra cruz.

Mirad, dulcísimo Padre,
que está vuestra Madre aquí,
y que dice que por mí
fue vuestra divina Madre.

Entre vos y ella, mi Dios,
amor me manda poner:
que no me puedo perder
entre vuestra Madre y vos.

Si mis manos homicidas
os causan tantos enojos,
que poniendo en mí los ojos,
darán sangre las heridas;

en tanta sobra de hazañas
como falta de disculpas,
no lo pongáis en mis culpas,
ponedlos en sus entrañas.

Dulce bien mío, si aquí
esas estrellas volvéis,
veréis, aunque ya lo veis
que fuisteis hombre por mí.

Abrazad, Señor querido,
este pródigo segundo,
desengañado del mundo,
roto de vida y vestido.

No miréis mis desconciertos
que ya no podéis negarme
que queréis los brazos darme,
pues ya lo tenéis abiertos.

Abracémonos, mi Dios;
mi bien, no haya más enojos;
abrid a verme los ojos,
y crucificadme en vos.

Que aunque a vuestra cruz le dais
el honor que adoro y sé,
mejor cruz en vos tendré
si en vos me crucificáis.

Cristo mío, Padre amado,
¿cómo, andándome a buscar,
os han puesto en tal lugar
vuestro amor y mi pecado?

Pero ¿qué razón os pido?
Estando la mesa puesta,
hagan los ángeles fiesta
al pródigo que ha venido.

Dadme este pan verdadero
con la gracia que me espera;

no mandéis matar ternera,
que ya está muerto el Cordero.

¡Qué soberano vestido
me ha dado vuestro perdón
después de la confesión
de tanto tiempo perdido!

Antes que con vos me asiente
a la mesa, Padre mío,
llorar quiero el desvarío
del tiempo que estuve ausente.

Si la boca os causa enojos,
que sin gran limpieza os toca,
ya para limpiar la boca
quieren dar agua los ojos.

Pero ¿cómo será tanta
adonde la culpa excede?
Pero donde ella no puede,
supla vuestra sangre santa.

SOLILOQUIO III

Manso Cordero ofendido,
puesto en una cruz por mí,
que mil veces os vendí
después que fuisteis vendido;

dadme licencia, Señor,
para que, deshecho en llanto,

pueda en vuestro rostro santo
llorar lágrimas de amor.

¿Es posible, vida mía,
que tanto mal os causé?
¿Qué os dejé, que os olvidé,
ya que vuestro amor sabía?

Tengo por dolor más fuerte
que el veros muerto por mí,
el saber que os ofendí
cuando supe vuestra muerte.

Que antes que yo la supiera,
y tanto dolor causara,
alguna disculpa hallara,
pero después no pudiera.

¡Ay de mí, que sin razón
pasé la flor de mis años
en medio de los engaños
de aquella ciega afición!

¡Qué de locos desatinos
por mis sentidos pasaron,
mientras que no me miraron,
Sol, vuestros ojos divinos!

Lejos anduve de vos,
hermosura celestial,
lejos y lleno de mal,
como quien vive sin Dios.

Mas no me haber acercado
antes de ahora, sería
ver que seguro os tenía,
porque estábades clavado.

Que a fe que si lo supiera
que os podíades huir,
primero que me perdiera,
que yo os viniera a seguir.

¡Oh piedad desconocida
de mi loco desconcierto,
que donde vos estáis muerto
está segura mi vida!

Pero ¿qué fuera de mí
si me hubiéredes llamado,
habiéndome transformado
en lo primero que fui?

Bendigo vuestra piedad,
pues me llamáis a que os quiera,
como si de mí tuviera
vuestro amor necesidad.

Vida mía, vos a mí
¿en qué me habéis menester,
si a vos os debo mi ser,
cuanto soy y cuanto fui?

¿Para qué puedo importaros
si soy lo que vos sabéis?

¿Qué necesidad tenéis?
¿Qué cielo tengo que daros?

¿Qué gloria buscáis aquí?
Que sin vos, mi bien eterno,
todo parezco un infierno;
mirad cómo entráis en mí.

Pero ¿quién puede igualar
a vuestro divino amor?
Como vos amáis, Señor
¿qué serafín puede amar?

Yo os amo, Dios soberano,
no como vos merecéis,
pero cuanto vos sabéis
que cabe en sentido humano.

Hallo tanto que querer,
que estoy tan tierno por vos,
que si pudiera ser Dios
os diera todo mi ser.

Toda el alma, de vos llena,
me saca de mí, Señor
dejadme llorar de amor,
como otras veces de pena.

SOLILOQUIO IV

De mi descuido, Señor,
dicen que tenéis cuidado;

pues si a Dios cuidado ha dado,
¿cómo no le tengo amor?

Yo pensaba que os amaba
no más de porque os quería.
Quien tales obras hacía
lejos de amaros estaba.

Deciros amores yo,
¿qué importa en tantos errores?
Obras, Señor, son amores;
que buenas razones, no.

¡Ay Señor! ¿Cuándo seré
tal como vos deseáis?
Si no os amo y vos me amáis,
de mí y de vos, ¿qué diré?

Diré de vos que sois Dios,
y de mí que no soy hombre;
que aun no merece este nombre
el que no conoce a vos.

¡Ay ciegos errores míos!
Abridme, Señor, los ojos
para ver vuestros enojos
y entender mis desvaríos.

Dadme bien a conocer
lo que va de vos a mí;
no miréis a lo que fui,
sino a lo que puedo ser.

No me escondáis vuestra cara,
Cristo, jüez soberano;
clavada tenéis la mano,
y en las espaldas la vara.

Cuando mi pecado admira,
templa el ser vos el remedio;
poned vuestra cruz en medio
de mi culpa y vuestra ira.

Si estáis, mi vida, enojado,
y sois fuerte como Dios,
dejadme esconder de vos
en vuestro mismo costado.

Mas si lo que Job respondo,
y ha de aguardarme el infierno,
¿cómo yo, mi bien eterno,
en vuestro pecho me escondo?

Mas dejadme entrar allí:
que si allí me halláis, mi Dios,
lastimaros fuera a vos
el no perdonarme a mí.

Vida de toda mi vida,
no de toda, que fue loca;
pero vida de esta poca
a vos más tarde ofrecida.

Veisme aquí, dulce Señor,
enamorado y corrido

del tiempo que no he tenido
a vuestra hermosura amor.

Queredme, pues tanto os quiero;
no aguardéis a que mañana
me vuelva en ceniza vana,
que lleva el viento ligero.

Que si entonces me buscáis,
por dicha no me hallaréis,
pues que vos solo sabéis
el término que me dais.

Siendo tan fiera mi culpa,
parece que os hago fieros;
perdonad si es ofenderos
daros la vida en disculpa.

Vos sabéis su brevedad,
y yo sé que os ofendí;
vos sabéis lo que hay en mí,
y yo sé vuestra piedad.

No por tener confianza,
mas porque la fe me muestra
que en la misma sangre vuestra
se ha de poner la esperanza.

Si no templáis los enojos,
tomad, Señor, entre tanto
este presente de llanto
en el plato de mis ojos.

RIMAS SACRAS

(Madrid, 1614)

SONETOS

5

Cuando me paro a contemplar mi estado
y ver los pasos por donde he venido,
me espanto de que un hombre tan perdido
a conocer su error haya llegado.

Cuando miro los años que he pasado
la divina razón puesta en olvido
conozco que piedad del cielo ha sido
no haberme en tanto mal precipitado.

Entré por laberinto tan extraño
fiando el débil hilo de la vida
el tarde conocido desengaño:

mas, de tu luz mi oscuridad vencida,
el monstruo muerto de mi ciego engaño
vuelve a la patria, la razón perdida.

14

Pastor que con tus silbos amorosos
me despertaste del profundo sueño:
Tú, que hiciste cayado de ese leño
en que tiendes los brazos poderosos,

vuelve los ojos a mi fe piadosos,
pues te confieso por mi amor y dueño
y la palabra de seguirte empeño
tus dulces silbos y tus pies hermosos.

Oye, Pastor, pues por amores mueres,
no te espante el rigor de mis pecados,
pues tan amigo de rendidos eres.

Espera, pues, y escucha mis cuidados...;
pero ¿cómo te digo que me esperes
si estás para esperar los pies clavados?

15

¡Cuántas veces, Señor, me habéis llamado,
y cuántas con vergüenza he respondido,
desnudo como Adán, aunque vestido
de las hojas del árbol del pecado!

Seguí mil veces vuestro pie sagrado,
fácil de asir, en una cruz asido,
y atrás volví otras tantas atrevido,
al mismo precio que me habéis comprado.

Besos de paz os di para ofenderos,
pero si fugitivos de su dueño
hierran cuando los hallan los esclavos,

hoy que vuelvo con lágrimas a veros,
clavadme vos a vos en vuestro leño
y tendréisme seguro con tres clavos.

18

¿Qué tengo yo que mi amistad procuras?
¿Qué interés se te sigue, Jesús mío,
que a mi puerta, cubierto de rocío,
pasas las noches del invierno escuras?

¡Oh, cuánto fueron mis entrañas duras,
pues no te abrí! ¡Qué extraño desvarío
si de mi ingratitud el hielo frío
secó las llagas de tus plantas puras!

¡Cuántas veces el ángel me decía:
«¡Alma, asómate ahora a la ventana,
verás con cuánto amor llamar porfía!»

¡Y cuántas hermosura soberana:
«Mañana le abriremos», respondía,
para lo mismo responder mañana!

46

No sabe qué es amor quien no te ama,
celestial hermosura, esposo bello;

tu cabeza es de oro, y tu cabello,
como el cogollo que la palma enrama;

tu boca, como lirio que derrama
licor al alba; de marfil, tu cuello
tu mano el torno, y en su palma el sello
que el alma por disfraz jacintos llama.

¡Ay Dios!, ¿en qué pensé cuando, dejando
tanta belleza, y las mortales viendo,
perdí lo que pudiera estar gozando?

Mas si el tiempo que perdí me ofendo,
tal prisa me daré, que una hora amando
venza los años que pasé fingiendo.

CANCIONES

A LA MUERTE DE CARLOS FÉLIX

Este de mis entrañas dulce fruto,
con vuestra bendición, oh Rey eterno,
ofrezco humildemente a vuestras aras;
que si es de todos el mejor tributo
un puro corazón humilde y tierno,
el más precioso de las prendas caras,
no las aromas raras
entre olores fenicios
y licores sabeos,
os rinden mis deseos,
por menos olorosos sacrificios,

sino mi corazón, que Carlos era;
que en el que me quedó, menos os diera.

Diréis Señor, que en daros lo que es vuestro
ninguna cosa os doy, y que querría
hacer virtud necesidad tan fuerte,
y que no es lo que siento lo que muestro,
pues anima su cuerpo el alma mía,
y se divide entre los dos la muerte.
Confieso que de suerte
vive a la suya asida,
que cuanto a la vil tierra
que el ser mortal encierra,
tuviera más contento de su vida;
mas cuanto al alma, ¿qué mayor consuelo
que lo que pierdo yo me gane el cielo?

Póstrese nuestra vil naturaleza
a vuestra voluntad, imperio sumo,
autor de nuestro límite, Dios santo;
no repugne jamás nuestra bajeza,
sueño de sombra, polvo, viento y humo,
a lo que vos queréis, que podéis tanto;
afréntese del llanto
injusto, aunque forzoso,
aquella inferior parte
que a la sangre reparte
materia de dolor tan lastimoso,
porque donde es inmensa la distancia,
como no hay proporción, no hay repugnancia.

Quiera yo lo que vos, pues no es posible
no ser lo que queréis, que no queriendo,

saco mi daño a vuestra ofensa junto.
Justísimo sois vos; es imposible
dejar de ser error lo que pretendo,
pues es mi nada indivisible punto.
Si a los cielos pregunto
vuestra circunferencia
inmensa, incircunscrita,
pues qué solo os limita
con margen de piedad vuestra clemencia;
¡oh guarda de los hombres!, yo ¿qué puedo
adonde tiembla el serafín de miedo?

Amábaos yo, Señor, luego que abristes
mis ojos a la luz de conoceros,
y regalóme el resplandor süave.
Carlos fue tierra; eclipse padecistes,
divino Sol, pues me quitaba el veros,
opuesto como nube densa y grave.
Gobernaba la nave
de mi vida aquel viento
de vuestro auxilio santo
por el mar de mi llanto
al puerto del eterno salvamento,
y cosa indigna, navegando, fuera
que rémora tan vil me detuviera.

¡Oh, cómo justo fue que no tuviese
mi alma impedimentos para amaros,
pues ya por culpas propias me detengo.
¡Oh, cómo justo fue que os ofreciese
este cordero yo para obligaros,
sin ser Abel, aunque envidiosos tengo!

Tanto que a serlo vengo
yo mismo de mí mismo,
pues ocasión como ésta
en un alma dispuesta
la pudiera poner en el abismo
de la obediencia, que os agrada tanto
cuanto por loco amor ofende el llanto.

¡Oh, quién como aquel padre de las gentes
el hijo solo en sacrificio os diera
y los filos al cielo levantara!
No para que con alas diligentes
ministro celestial los detuviera,
y el golpe al corderillo trasladara,
mas porque calentara
de rojo humor la peña,
y en vez de aquel cordero,
por quien corrió el acero,
y cuya sangre humedeció la leña,
muriera el ángel, y trocando estilo,
en mis entrañas comenzara el filo.

Y vos, dichoso niño, que en siete años
que tuvistes de vida, no tuvistes
con vuestro padre inobediencia alguna,
corred con vuestro ejemplo mis engaños,
serenad mis paternos ojos tristes,
pues ya sois sol donde pisáis la luna;
a la primera cuna
a la postrera cama
no distes sola un hora
de disgusto, y agora

parece que le dais, si así se llama
lo que es pena y dolor de parte nuestra,
pues no es la culpa, aunque es la causa, vuestra.

Cuando tan santo os vi, cuando tan cuerdo,
conocí la vejez que os inclinaba
a los fríos umbrales de la muerte;
luego lloré lo que ahora gano y pierdo,
y luego dije: «Aquí la edad acaba,
porque nunca comienza desta suerte.»
¿Quién vio rigor tan fuerte,
y de razón ajeno,
temer por bueno y santo
lo que se amaba tanto?
Mas no os temiera yo por santo y bueno,
si no pensara el fin que prometía
quien sin el curso natural vivía.

Yo para vos los pajarillos nuevos,
diversos en el canto y las colores,
encerraba, gozoso de alegraros,
yo plantaba los fértiles renuevos
de los árboles verdes, yo las flores
en quien mejor pudiera contemplaros,
pues a los aires claros
del alba hermosa apenas
saliste, Carlos mío,
bañado de rocío
cuando, marchitas las doradas venas,
el blanco lirio convertido en hielo
cayó en la tierra, aunque traspuesto al cielo.

¡Oh, qué divinos pájaros agora,
Carlos, gozáis que con pintadas alas
discurren por los campos celestiales
en el jardín eterno, que atesora
por cuadros ricos de doradas salas
más hermosos jacintos orientales,
adonde los mortales
ojos la luz excede!
¡Dichoso yo, que os veo
donde está mi deseo
y donde no tocó pesar, ni puede;
que solo con el bien de tal memoria
toda la pena me trocáis en gloria!

¿Qué me importa a mí que os viera puesto
a la sombra de un príncipe en la tierra,
pues Dios maldice a quien en ellos fía,
ni aun ser el mismo príncipe compuesto
de aquel metal del sol, del mundo guerra,
que tantas vidas consumir porfía?
La breve tiranía,
la mortal hermosura,
la ambición de los hombres
con títulos y nombres,
que la lisonja idolatrar procura,
al expirar la vida, ¿en qué se vuelven,
si al fin en el principio se resuelven?

Hijo, pues, de mis ojos, en buena hora
a vivir con Dios eternamente
y a gozar de la patria soberana.
¡Cuán lejos, Carlos venturoso, agora

de la impiedad de la ignorante gente
y los sucesos de la vida humana,
sin noche, sin mañana,
sin vejez siempre enferma,
que hasta el sueño fastidia
sin que la fiera envidia
de la virtud a los umbrales duerma,
del tiempo triunfaréis, porque no alcanza
donde cierra la puerta a la esperanza!

La inteligencia que los orbes mueve
a la celeste máquina divina
dará mil tornos con su hermosa mano,
fuego el León, el Sagitario nieve;
y vos, mirando aquella esencia trina,
ni pasaréis invierno ni verano,
y desde el soberano
lugar que os ha cabido,
los bellísimos ojos,
paces de mis enojos,
humillaréis a vuestro patrio nido;
y si mi llanto vuestra luz divisa,
los dos claveles bañaréis en risa.

Yo os di la mejor patria que yo pude
para nacer, y agora, en vuestra muerte,
entre santos dichosa sepultura;
resta que vos roguéis a Dios que mude
mi sentimiento en gozo de tal suerte,
que, a pesar de la sangre que procura
cubrir de noche escura
la luz desta memoria,

viváis vos en la mía;
que espero que algún día
la que me da dolor me dará gloria,
viendo al partir de aquesta tierra ajena,
que no quedáis a donde todo es pena.

ROMANCE

Llorando está afligida
en una oscura prisión
el alma con mucha causa,
que está ausente de Dios.
Pesábale de haber sido
tan ingrata a su Señor,
que perdonada mil veces,
otras tantas le ofendió
y de ver que un falso amigo
sola una vez le vendió,
y ella mil veces al día
hizo la misma traición.
El verse ingrata lloraba
a tantas prendas de amor,
que nació para buscarla,
y porque viva murió.
Miraba que a la partida
en blanco pan se quedó,
para no apartarse de ella,
y sustentarla mejor.
Y así, mirando en la Cruz
sus brazos con tal dolor
para el castigo clavados,

y abiertos para el perdón,
arrepentida y contrita,
que el contrito corazón
nunca Dios le ha despreciado,
dijo con llorosa voz:
«¡Oh, qué firmes somos,
Dios mío, yo y vos,
vos en perdonarme,
y en dejaros yo!
¡Oh, qué gran firmeza
que los dos tenemos,
vos en ser piadoso,
y yo en ofenderos!
¡Admírase el cielo
que demos los dos:
vos en perdonarme,
y en dejaros yo!»

FILIS

(Madrid, 1635)

ÉGLOGA

Dormidas sobre cándidas arenas,
entre dos alamedas, que cubrían
las ramas aves y los pies verbenas,

del Tajo a lento paso discurrían
las crespas ondas a un ameno prado,
cuyas márgenes lirios guarnecían.

De la sierra de Cuenca despeñado
a la imperial ciudad honor de España,
bajaba, en pura linfa desatado,

allí donde es palacio la cabaña
que reyes de sí mismos aposenta;
la risa de una fuente le acompaña.

Por maravillas pálidas que argenta
declina a un valle, en cuya verde frente
un monte de esmeraldas alimenta.

Purpúreo caminaba el occidente,
más que dorado, el rubio Apolo, cuando
Eliso triste suspiraba ausente.

Silvio, su amigo, a la sazón bajando
que Venus coronaba el horizonte,
las sombras de las cumbres dilatando,

temiendo que el ganado se remonte,
que ya, como sin dueño, se esparcía,
parte en el valle y parte por el monte,

las trepadoras cabras recogía;
mas cuando ya quedó junto el ganado,
cayó en los brazos de la noche el día.

Un corazón de agravios lastimado,
como fuera de sí, despierto sueña
memorias tristes de su bien pasado.

¡Oh musa, tú me inspira, tú me enseña:
que tanto no podrá rústica lira,
si tu favor divino me desdeña.

Tú sola el alma de mis versos mira:
que si tu viva luz me infunde aliento
y del profano vulgo me retira,

las cerdas pasaré del instrumento
por ámbar tan süave, que el herido
lazo con dulce y sonoroso acento,

pare las aguas del eterno olvido
con más dicha que aquel que en sombra vana
el adquirido bien lloró perdido.

Tú, pues, décima musa lusitana,
que a la lengua latina y portuguesa
te dignas de juntar la castellana,

si alguna vez de tus estudios cesa
en verso heroico o lírico la pluma,
que del Parnaso te aplaudió princesa,

aunque llegar intrépido presuma
tan cerca de tu sol, piadosa admite
esta de mis cuidados breve suma;

debido vasallaje les permite,
que así le deben a tu ingenio claro
como ríos y fuentes Anfitrite.

Que adonde estás como luciente faro
van con el Tajo, que tan lejos quiere
que tengan, si no fin, dulce reparo.

El mar de Lusitania los espere:
que penas que en el Tajo comenzaron,
bien es que mueran donde el Tajo muere.

Las quejas que de Filis alternaron
oye, Bernarda ilustre, a dos pastores,
a quien las mudas selvas escucharon.

Debieron consagrarte las mejores
Coridón griego y Títiro latino;
yo solo ofrezco a tus estudios flores,
sombra del sol de tu laurel divino

SILVIO, ELISO

SILVIO

Eliso, ¿por qué dejas el ganado
pacer como sin dueño, a su albedrío,
la adelfa al soto y la cicuta al prado?

ELISO

Porque después de tanto desvarío,
solamente me llamen mis enojos
pastor de mis tristezas, Silvio mío.

Sigan en monte o valle sus antojos:
que solo quiero yo guardar mis penas
a las corrientes de mis tristes ojos.

Los toros, las ovejas, las colmenas,
de que las guarde vivirán seguras,
y yo a mí mismo de mí mismo apenas.

SILVIO

Nunca, Eliso, te faltan desventuras;
¿siempre te ha de mirar llorando el cielo
por los diamantes de sus luces puras?

ELISO

Si fueran los zafiros de su velo
capaces de impresiones peregrinas,
marchara su esplendor mi desconsuelo.

SILVIO

Estas, floridas ya, rudas encinas
escarchaba de nieve el austro helado,
que bramaba en las selvas convencidas,

cuando te vi bajar con el ganado,
del resonante cáñamo ceñido,
por más defensa, tu gabán leonado.

Iba yo al Duero entonces, ofendido
de los celos de Flérida y Albano,
pensando hallar en el ausencia olvido,

y dijísteme tú: «Cabrero hermano,
con celos nunca se logró jornada.»
¡Oh, cuántas veces me arrepiento en vano!

Pues que, volviendo, hallé recocijada
a costa de mis celos el aldea,
y por mi ausencia a Flérida casada.

Mas dime (que mejor tu dicha sea),
¿qué pena te desmaya y descompone?
¿Qué teme tu esperanza? ¿Qué desea?

¿Hate ganado alguno que se opone
a tus versos por dicha, permitiendo
el vulgo que tu alma le corone?

ELISO

Nunca, Silvio me he visto compitiendo
que no me honraste de quedar vencido,
mi siempre humilde musa conociendo.

No hay valle como el nuestro tan florido
de ingenios, porque allí tiene Helicona
su cristal con el Tajo dividido.

Aquí estudiosa juvenil corona
al palio del honor corre anhelante,
cuya virtud el premio perficiona.

SILVIO

¿Por ventura en ejército volante
esparció tus palomas por el viento
el rayo de la pólvora tronante;

o cuando en el silencio el hurto atento
con la dormida noche se conforma
codicioso villano atrevimiento,

los corchos derribó donde transforma
la abeja en oro líquido las flores,
y de la luz el alimento forma;

o como suele haber entre pastores
envidias, se te mueren macilentos
los toros, más de hechizos que de amores;

o la discordia de contrarios vientos
los pámpanos, con súbito granizo,
no permitió llegar a ser sarmientos,

y entre las verdes rúbricas deshizo
los fértiles racimos cuando apenas
mayo los granos de las flores hizo?

ELISO

Silvio esas cosas, aunque causan penas,
no llegan a las túnicas del alma
de la severa condición ajenas.

Lo que un valiente espíritu desalma,
de dos pasiones naturales nace:
¡dichoso aquel que mereció su palma!

¡Con qué furor intrínseco deshace
la ira a la razón el santo imperio,
hasta que sus venganzas satisface!

¿Qué agravio, qué desdicha, qué adulterio
no ha celebrado Amor, niño tirano?
¿Qué libertad no ha puesto en cautiverio?

Mas para que ni el griego ni el romano
cosa tan trivïal ejemplifiquen
de pasiones, que son principio humano,

su fuerza mis desdichas testifiquen,
si bien por su memoria me acobardo,
de que por descansar se multipliquen.

Tú conociste al montañés Rosardo,
rico otro tiempo y de Marbella esposo,
más fuerte para el campo que gallardo;

perdió su hacienda el año riguroso
que se murieron las heladas crías,
y al Duero se partió con Nemeroso.

Ausente de esas verdes praderías,
a Filis me dejó tan tierna infante,
que cuando me la dió cumplió tres días;

Filis, materia dulce y elegante
para celeste forma en nieve pura,
alma de cera, que creció diamante.

SILVIO

Primero nuestra humana compostura
labra Naturaleza en blanda cera,
después la edad y el tiempo en piedra dura.

ELISO

Colgada al pecho de una sierpe fiera,
Filis venía cándido cordero;
Filis, que el alma de mis ojos era.

Si del sustento del vivir primero
resultan las costumbres disculpada
para mayor error la considero.

Cómo fue de mis manos regalada
sábelo el monte, el valle, el soto, el río,
y aun la fénix, si vale imaginada.

Era su gusto solamente el mío,
para que más su ingratitud te asombre,
y en tanta obligación, tanto desvío.

Amor de brazos interés se nombre;
pero sin ellos, Silvio, ¿quién ha visto
tan extrañas finezas en un hombre?

Cuanto del Sur al polo de Calisto
es plata, es perla, es oro, le ofreciera,
si fuera rico yo como bienquisto.

SILVIO

¿Quién pudiera pensar que Filis fuera
contigo, Eliso, tan cruel e ingrata?

ELISO

Quien amante y mujer la considera

Mas oye atento, porque ya dilata
la sombra el monte y fugitivo el día,
tiene la luna el pabellón de plata.

Crecía Filis y mi amor crecía;
que esto de ser platónico y honesto
más parece que amor filosofía.

¿Qué cosa no aprendió? Si bien, dispuesto
su entendimiento a toda ciencia y arte,
de planetas benévolos compuesto,

ninguna supe generosa parte
de cuantas constituyen aquel brío
que con la honestidad términos parte,

que Filis no aprendiese en daño mío,
pues tantas gracias fueron el escollo
en cuyas peñas se rompió el navío.

Cual suele de clavel plantar cogollo
el dueño de un jardín, y hasta que mira
brotar entre las hojas el pimpollo,

defenderle del cierzo y de la ira
del Capricornio helado hasta que baña
Febo el jacinto, en cuya flor suspira,

mirando atento a la primer pestaña
que el sol levanta para ver el día
coronar de rubí la verde caña;

y cuando del botón en que dormía
sale rojo clavel, porque la rosa
no presuma tener la monarquía,

cortarle descortés mano envidiosa,
viendo tan viva en círculo pequeño
la rueda de corales luminosa,

sin ver que un año le costó a su dueño,
tanto, que aun pienso que al cortar la vara,
huérfana le miro con verde ceño.

Así fue el rapto de mi prenda cara,
¡qué propia dicha de clavel temprano!
Que en quien le cría, pocas veces para.

¡Oh, si quisiera el cielo soberano
hacer al hombre de cristal los pechos,
porque se viera el pensamiento humano!

Pero ¿cómo quedaran satisfechos,
si no ven los espíritus los ojos,
y de ellos son los pensamientos hechos?

Mas oye la ocasión de mis enojos,
y a mi dolor la digresión perdona,
que son de mis cuidados desenojos.

El mes que con espigas se corona,
cuya imagen, ejemplos a los jueces,
igualmente castiga y galardona,

había visto diecisiete veces
Filis, y el sol por su inmortal camino
la distancia del Aries a los Peces,

cuando por mi desdicha y su destino
Tirsi la oyó cantar en una fiesta;
Tirsi, zagal del mayoral Felino.

Y como en tierna edad está dispuesta
la materia al amor, desde aquel día
solicitó su voluntad honesta.

Tirsi por experiencia conocía
que por la aguda vista a las doncellas
al pie dragón la antigüedad ponía.

Con éste las guardaban, porque en ellas
es tan violento amor, que sin decoro,
rogando feas, no desprecian bellas.

Hizo una masa de metal sonoro,
a ejemplo del suceso de Atalanta,
que se rindió por las manzanas de oro.

No fue de Filis, no, la culpa tanta;
toda de Lidia fue: que una tercera
el áspid más honesto y sordo encanta.

Ésta vendió su honor y el que pudiera
gozar cuando en pacífico himeneo
pastor igual sus prendas mereciera.

No estaba Filis sin dragón lerneo;
Lidia lo era en el alma, en pecho y cara;
cegó su vista el codicioso empleo.

SILVIO

¡Oh, cuánto puede en una vieja avara
la codicia del oro, que atrevida
ni en el peligro ni el honor repara!

Que no fuera pequeño el de su vida
si fuera cierto lo que fue conceto;
mas no es razón que tu discurso impida.

ELISO

Enamorada Filis de secreto,
la sierpe de quien hice confianza
determinó los brazos al efeto;

pues como viese yo tanta mudanza
pasar con menos ceño y más templanza
en Filis de la vida que solía

y que cuando casarla proponía,
ningún pastor del Tajo le agradaba,
porque ocupado el corazón tenía,

que cuidadosa del cabello andaba
y que sin fiesta ni ocasión alguna
de las secretas galas se adornaba,

y que con más mudanzas que la luna
por las líneas de plata de los cielos,
ya se mostraba fácil, ya importuna;

abrí los ojos a tener desvelos
porque fue su traición con tanto engaño,
que me pesaba de que fuesen celos;

si bien entre el temor y el desengaño,
áspero me mostraba necio y triste,
viviendo en mí como si fuera extraño.

SILVIO

Luego la cara los colores viste
del corazón que vive sospechoso,
y más declara cuanto más resiste.

ELISO

En viéndome las dos vivir celoso,
determinaron defender la vida:
que siempre el mal obrar fue temeroso.

Yo, triste, que a la sierpe fementida
mi cándida paloma confiaba,
ya de las plumas de mi honor vestida,

seguro el campo de mi hacienda araba:
que a las primeras aguas o segundas
en debida sazón la tierra estaba.

Mis penas eran ya menos profundas,
cuando una noche al desuncir los bueyes,
que desataba ya de las coyundas,

pensando que los techos de los reyes
no igualaban, con Filis, mi cabaña,
aunque a dos mundos promulgasen leyes,

pregunto por mi Filis ¡cosa extraña
que el eco me responde solo y triste,
y con mi propia voz me desengaña!

Pálido el rostro, la color se viste
de la turbada sangre, como suele
el que al rigor de la sentencia asiste.

No hay desdicha que el alma no revele;
y así, mi temeroso pensamiento
no mira engaño donde el miedo apele.

Cubrióse entonces de un humor sangriento
el corazón; las lágrimas heladas
no me dejaban ver el aposento.

Las luces de los ojos eclipsadas,
pedí favor al llanto, porque hay penas
que matan vidas de no ser lloradas.

Tan frío hielo me ocupó las venas,
que como la llamaba, y respondía
el aire en un jardín entre azucenas,

fingiendo mi dolor falsa alegría,
dije, (¡que tierno amor!, ya le condeno):
«¿Eres tú quien responde, Filis mía?»

Cual suele en cuadros de jardín ameno
de componer los lazos y labores
súbita tempestad de horrible trueno;

romper las varas y trocar las flores,
desconociendo sus primeras plantas,
y en ramas jaspes confundir colores;

así de las reliquias, y no santas,
confuso estaba el sueldo, y mi recelo
¡oh, cuántas veces me lo dijo! ¡Oh, cuántas!

Yo triste, entonces convertido en hielo,
ya los rotos aljófares cogía,
ya los cabellos que dio el peine al suelo,

ya la negra sandalia que cubría
el blanco pie de Dafne, más ingrata,
a quien amor, y no interés, seguía;

ya la roseta que los lazos ata,
ya las de su cabeza, cuando hicieron
en florido jardín sendas de plata;

ya las cosas que el rostro compusieron,
y ocultan las mujeres con cuidado,
tan grande de partírsele tuvieron;

ya lo que no pudieran por pesado
o porque no les dio lugar el miedo,
que corre menos cuando va cargado.

Sólo decirte de la Circe puedo
que el aposento mismo se llevara
si para conducirle hubiera enredo.

Ninguna cosa Lidia perdonara
si venciera al temor su atrevimiento.
¡Ay Dios, si a Filis sola me dejara!

Y siendo el que rabió mi sentimiento,
el mastín del ganado vigilante,
también a la crianza desatento,

se fue con ellas: pero no te espante
si pensó que su vida me pagara
callar los pasos del secreto amante.

SILVIO

Lidia ¿qué soldadesca saqueara
casa de labrador? ¿De qué africano
bárbaro incendio a tal rigor llegara?

ELISO

Como suele debajo del manzano
resolverle el erizo en el otoño,
del dulce fruto en cada punta ufano,

o salir de las ramas del madroño
armado de coral, o al saco atento
de los despojos vencedor bisoño.

SILVIO

Pintó divinamente el sentimiento,
el gran Virgilio, de la reina Dido,
y con mayor dolor el aposento.

A la desierta cama y al vestido
dulces prendas llamó, cuando el troyano
surcara el mar con tan ingrato olvido.

ELISO

Piadoso le llamó, siendo tirano:
que si en sacar los dioses fue piadoso,
en ser ingrato a Dido fue villano.

SILVIO

¡Oh victoria de oro poderoso
que en fin, de Lidia Filis conducida,
la goza en paz, sin la pensión de esposo!

ELISO

Siendo de Tirsi Lidia conocida,
no acierta en permitir que esté con ella
viendo en mi ejemplo su lealtad vencida:

que pues el oro todo lo atropella,
debiera imaginar, como discreto
que quien se lo vendió sabrá vendella.

SILVIO

Si a tanta obligación se ve sujeto,
bien puede ser que de las dos cansado,
para dejarlas busque algún defeto:

que habiendo la fortuna levantado
de Tirsi el primitivo fundamento,
Filis cruel le llorará casado.

ELISO

Ya me parece que las quejas siento:
que ser su esposa es pensamiento vano,
porque ha mucho que dura el pensamiento.

SILVIO

¿Qué hircana tigre, qué león albano
tiene con un ingrato simpatía?

ELISO

Siempre le tuve yo por monstruo humano.

Si un huésped agradece sólo un día,
¿cómo, Filis cruel, tus ojos cierra
a tantos años la desdicha mía?

¡Oh, cuánto, Silvio, el más discreto yerra
en fiar de mujer: que la más firme
más sabe a la costilla que a la tierra!

El ingenioso engaño le confirme
con que el volver la espalda no hay seguro
honor que a serlo pueda persuadirme.

No hay bronce en puerta ni diamante en muro
de pertrechos y fosos defendido
contra un criado a su señor perjuro.

¿Cómo su casa guardará dormido
quien tiene dentro el que ha de abrir la puerta?
¿Cuando Marte desnudo, a Amor vestido?

No hay cosa entre los hombres más incierta
que la familia de interés vencida,
ni de mayor peligro descubierta:

que la traición de noche prevenida,
si no se siente, piérdese el decoro,
y si se siente, piérdese la vida.

La torre penetró la lluvia de oro,
adonde estaba Dánae, y fue de Europa
por el rubio metal fingido el toro.

SILVIO

Como corre tu agravio viento en popa
por una ingrata, las demás infieres:
que no en su ser, en tu desdicha topa.

ELISO

La virtud y el valor de las mujeres

conozco, Silvio, y le celebro y canto,
si Porcias si Lucrecias me refieres.

SILVIO

¿Cómo de Tirsi no te quejas cuanto
de Filis? Que parece cosa extraña.

ELISO

¿Crié yo a Tirsi, ni me debe tanto?

¿Trajéronle por dicha a mi cabaña
de tres días no más? Pues ¿qué me debe?

SILVIO

Tu paciencia presumo que me engaña.

ELISO

El mal pagado amor, Silvio, me mueve,
el ver que Filis para mí tenía
alma de mármol, corazón de nieve.

Ni pienses que la aurora amanecía
hasta que me decía Filis bella:
«Escribe, Eliso, que ya traigo el día.»

Y muchas veces, ¡ay contraria estrella!,
ella escribía lo que yo dictaba:
que hasta el alma quería hablar por ella.

Otras veces parece que tomaba
de sus ojos la luz de mis concetos,
y no era lo que menos acertaba.

Juzgaba yo sus ojos tan discretos,
que pensaba que versos producían,
como suele la causa los efetos.

SILVIO

Algunos por tu sangre la tenían.

ELISO

De engendrar a criar no hay diferencia.
Tan engañados como yo vivían.

SILVIO

¡Qué ingrata qué cruel correspondencia!
¿Por qué no te has quejado del agravio?

ELISO

Porque es la lengua baja diligencia.

Dios os un rey eternamente sabio,
y puede más un corazón que llora
que cuanto puede persuadir el labio.

Baja la noche, y cuanto ilustra y dora
Febo descansan en tierra y mar; yo solo
ni descanso a la noche ni a la aurora.

Vase otra vez al contrapuesto polo,
y vuelve a hallarme triste y desvelado,
¡oh, nunca para mí naciese Apolo!

SILVIO

¡Dichoso aquel que duerme sin cuidado!

ELISO

No seré yo, que un átomo pequeño
no duermo en la cabaña ni en el prado.

¿Sabes algún remedio para el sueño?

SILVIO

Pregunta con qué duerme quien agravia,
y no quieras más frígido beleño.

ELISO

Grave aforismo para gente sabia,
que a mi dolor más fácil le parece
preguntar por el fénix en Arabia.

De cuanto daño el corazón padece,
desvelado a la noche y a la aurora
(que a quien no ha de dormir nunca anochece),

sólo me pongo a mí la culpa ahora,
que tarde y el ejemplo estoy mirando;
mejor fruto rindió rama traidora.

SILVIO

Mató dos cuervos un pastor, dejando
sobre las pajas del caliente nido
un negro pollo huérfano chillando;

y una paloma que aplicó el oído
a las quejas del cuervo, que esperaba
sin aliento, sin cebo y sin vestido,

llevóle de piedad donde criaba
sus hijos en el techo de una huerta:
que paloma sin pluma le juzgaba.

El pico al suyo le aplicaba, incierta
de su naturaleza, que tenía
de aprendidos arrullos encubierta.

Paloma, finalmente, parecía
de la pluma etiópica desnudo.

ELISO

¡Ay de paloma que de cuervos fía!

SILVIO

Cuando el cuervo que digo volar pudo
sacóle uno a la paloma, y fuese
tierno al venir, y al despedirse mudo.

Mas como a ver la enferma concurriese
número de palomas sus amigas,
porque consuelo en tanto mal tuviese,

y una de ellas, mirando sus fatigas,
criar hijos ajenos la culpase,
respondió la paloma: «No prosigas:

»que no es mucho que oyendo me engañase,
siendo paloma yo, su voz doliente,
y al nido de mis hijos le llevase.

»Criéle como pájaro inocente:
que si supiera que el traidor tenía
por padre un cuervo de su nido ausente

»no lo criara, por desdicha mía,
a que así me pagara la crianza.»

ELISO

¡Ay de paloma que de cuervos fía!

Aplicóse tan bien la semejanza,
que de una negra máscara compuesto,
por no la ver, que no para venganza,

tengo un retrato en mi cabaña puesto,
para que traiga por su honor el luto,
o porque para mí murió tan presto.

SILVIO

Cuál es el árbol tal produce el fruto;
mas porque Febo ya llegar desea
a donde paga el Tajo el mar tributo,

volvamos los ganados a la aldea,
e intentar dividir el pensamiento.

ELISO

Silvio, por una acción tan loca y fea,

cuanto la amaba aborrecerla siento,
quise engañado y olvidé ofendido,
monstruo de ingratitud, tu falso intento:

que a ser gentil y en fábulas nacido,
no fuera al campo Elisio, por no verte
alma desnuda de mortal vestido:

que, como en vida y muerte fue quererte
mi pensamiento, siendo agradecida,
ingrata, será fuerza aborrecerte.

La vida se perdona al homicida,
y aun el honor, con ser de tanto precio:
pero la ingratitud jamás se olvida.

Cuando enmudece la justicia, es necio
el que la pide; yo a callar me obligo;
¡oh Filis!, si estás cerca de un desprecio,
¿para qué quiero yo mayor castigo?

RIMAS HUMANAS Y DIVINAS

Del Licenciado Tomé de Burguillos

(Madrid, 1634)

DESCONFIANZA DE SUS VERSOS

Los que en sonoro verso y dulce rima
hacéis conceto de escuchar poeta
versificante en forma de estafeta,
que a toda dirección número imprima:

oíd de un Caos la materia prima,
no culta como cifras de receta
que en lengua pura, fácil, limpia y neta
yo invento, Amor escribe, el tiempo lima.

Estas, en fin, reliquias de la llama
dulce que me abrasó, si de provecho
no fueren a la venta, ni a la fama,

sea mi dicha tal, que a su despecho
me traiga en el cartón quien me defama,
que basta por laurel su hermoso pecho.

TÚRBASE EL POETA DE VERSE FAVORECIDO

Dormido Manzanares discurría
en blanca cama de menuda arena,
coronado de juncia y de verbena,
que entre las verdes alamedas cría;

cuando la bella pastorcilla mía,
tan sirena de amor como serena,
sentada y sola en la ribera amena,
tanto cuanto lavaba nieve hacía.

Pedíle yo que el cuello me lavase,
y ella, sacando el rostro del cabello,
me dijo que uno de otro me quitase;

pero turbado de su rostro bello,
al pedirme que el cuello le arrojase,
así del alma, por asir del cuello.

LO QUE HICIERA PARIS SI VIERA A JUANA

Como si fuera cándida escultura
el lustroso marfil del Bonarrota,
a París pide Venus en pelota
la debida manzana a su hermosura

En perspectiva Palas su figura
muestra, por más honesta, más remota;
que sus altos méritos acota
en parte de la selva más oscura;

pero el pastor a Venus la manzana
de oro le rinde, más galán que honesto,
aunque saliera su esperanza vana.

Pues cuarta diosa, en el discorde puesto,
no solo a ti te diera, hermosa Juana,
una manzana, pero todo un cesto.

ENCARECE SU AMOR PARA OBLIGAR A SU DAMA A QUE LO PREMIE

Juana, mi amor me tiene en tal estado,
que no os puedo mirar cuando no os veo
ni escribo, ni manduco, ni paseo,
entre tanto que duermo sin cuidado.

Por no tener dineros, no he comprado,
¡oh amor cruel!, ni manta ni manteo;
tan vivo que derrienga mi deseo,
en la concha de Venus amarrado.

De Garcilaso es este verso, Juana.
Todos hurtan: paciencia. Yo os lo ofrezco;
mas volviendo a mi amor, dulce tirana,

tanto en morir y en esperar merezco,
que siento más el verme sin sotana
que cuanto fiero mal por vos padezco.

A UNA DAMA QUE SALIÓ REVUELTA UNA MAÑANA

Hermoso desaliño, en quien se fía
cuanto después abrasa y enamora,
cual suele amanecer turbada aurora,
para matar de sol al mediodía.

Solimán natural, que desconfía
el resplandor con que los cielos dora;
dejad la arquilla, no os toquéis, señora,
tóquese la vejez de vuestra tía.

Mejor luce el jazmín, mejor la rosa
por el revuelto pelo en la nevada
columna de marfil, garganta hermosa.

Para la noche estáis mejor tocada;
que no anocheceréis tan aliñosa
como hoy amanecéis desaliñada.

IMITACIÓN DE AQUEL SONETO: «SUPERBI COLLI»

Soberbias torres, altos edificios,
que ya cubristeis siete excelsos montes,
y ahora en descubiertos horizontes
apenas de haber sido dais indicios;

griegos liceos, célebres hospicios
de Plutarcos, Platones, Jenofontes,

teatro que lidió rinocerontes,
olimpias, lustros, baños, sacrificios;

¿qué fuerzas deshicieron peregrinas
la mayor pompa de la gloria humana,
imperios, triunfos, armas y doctrinas?

¡Oh gran consuelo a mi esperanza vana,
que el tiempo que os volvió breves ruïnas
no es mucho que acabase mi sotana!

LO QUE HAN DE HACER LOS INGENIOS GRANDES CUANDO LOS MURMURAN

Un lebrel irlandés de hermoso talle,
bayo entre negro de la frente al anca,
labrada en bronce y ante la carlanca,
pasaba por la margen de una calle;

salió confuso ejército a ladralle,
chusma de gozques, negra roja y blanca,
como de aldea furibunda arranca
para seguir al lobo en monte o valle.

Y como escriben que la diosa trina,
globo de plata en el celeste raso,
los perros de los montes desatina,

este hidalgo lebrel sin hacer caso,
alzó la pierna, remojó la esquina,
y por medio se fue su paso a paso.

QUE EL AMOR VERDADERO NO LE OLVIDAN EL TIEMPO NI LA MUERTE

ESCRIBE EN SERIO

Resuelta en polvo ya, mas siempre hermosa,
sin dejarme vivir, vive serena
aquella luz que fue mi gloria y pena,
y me hace guerra cuando en paz reposa.

Tan vivo está el jazmín, la pura rosa,
que blandamente ardiendo en azucena,
me abrasa el alma, de memorias llena,
ceniza de su fénix amorosa.

¡Oh memoria cruel de mis enojos!,
¿qué honor te puede dar mi sentimiento
en polvo convertidos sus despojos?

Permíteme callar sólo un momento:
que ya no tienen lágrimas mis ojos
ni conceptos de amor mi pensamiento.

LA PULGA
(SONETO FALSAMENTE ATRIBUIDO A LOPE)

Picó atrevido un átomo viviente
los blancos pechos de Leonor hermosa,
granate en perlas arador en rosa,
breve lunar del invisible diente;

ella dos puntas de marfil luciente
con súbita inquietud bañó quejosa,
y torciendo su vida bulliciosa,
en un castigo dos venganzas siente.

Al expirar la pulga, dijo: «¡Ay triste,
por tan pequeño mal dolor tan fuerte!»
«Oh pulga —dije yo— dichosa fuiste;

detén el alma, y a Leonor advierte
que me deje picar donde estuviste
y trocaré mi vida con tu muerte.»

DESCRIBE EL RÍO DE MADRID EN JULIO

Mísero Manzanares, ¿no te basta
todo el año sufrir tanta fregona,
tanto lacayo y paje de valona,
tanta ropa servil, tanta canasta?

Ahora en julio tus riberas gasta
tanto prestado coche tanta dona,
que lo que peca abril, julio jabona,
cáfila más altiva y menos casta.

Escupe rayos del león la ira
feroz, aunque de Alcides fue despojo;
la ardiente arena por humor suspira;

mas, como el río es viejo y sin antojo,
a su primera fuente se retira,
de ver tantas pescadas en remojo.

SENTIMIENTOS DE AUSENCIA
A IMITACIÓN DE GARCILASO

Señora mía, si de vos ausente
en esta vida duro y no me muero
es porque como y duermo y nada espero,
ni pleiteante soy ni pretendiente.

Esto se entiende en tanto que accidente
no siento de la falta del dinero;
que entonces se me acuerda lo que os quiero,
y estoy perjudicial e impertinente

Sin ver las armas ni surcar los mares,
mis pensamientos a las musas fío;
sus liras son mis cajas militares.

Rico en invierno y pobre en el estío,
parezco en mi fortuna a Manzanares,
que con agua o sin ella siempre es río.

LA VEGA DEL PARNASO

(Madrid, 1637)

EL SIGLO DE ORO

SILVA MORAL

Fábrica fue la inmensa arquitectura
de este mundo inferior, que el hombre imita,
pues como punto indivisible encierra
de su circunferencia la hermosura,
y copióse la tierra
de cuanto en ella habita
con tantos peregrinos ornamentos,
llenos los tres primeros elementos
de peces, fieras y aves, que vivían
de toda ley exentos,
si bien al hombre en paz reconocían.

Aun no pálido el oro,
porque nadie buscaba su tesoro,
y el diamante tan bruto, aunque brillante,
que más era peñasco que diamante;
los arboles sembrados de colores,
y los prados de flores,
buscando los arroyos sonorosos

en arenosas calles;
por las oblicuas señas de los valles
los ríos caudalosos,
y soberbios los ríos
entre bosques sombríos,

vestidos de cristales transparentes,
sin volver la cabeza a ver sus fuentes,
anhelando a Océanos,
perdiendo en él sus pensamientos vanos,
y sin temor alguno,
de verse el tridentífero Neptuno
oprimido del peso de las naves,
abriendo sendas por sus ondas graves
los hijos de los montes,
excelsos pinos y labradas hayas,
para pasar por varios horizontes
a las remotas playas
de climas abrasados,
frígidos o templados.

Ni el caballo animoso relinchaba
al son de la trompeta,
ni la cerviz sujeta
al yugo, el tardo buey el campo araba,
que sin romper la cara de la tierra,
con natural impulso producía
cuanto su pecho generoso encierra:
que como en la primera edad vivía
con desorden florida y balbuciente,
daba pródigamente
con fértil abundancia

al mundo su riqueza,
porque, como mujer, Naturaleza
es más hermosa en la primera infancia.

No haciendo distinción de tiempo alguno,
daba flores Vertuno
con diferentes frutas primitivas,
las parras y pacíficas olivas,
y la dodónea encina por la rubia
Ceres, que no tenía
necesidad de lluvia,
y de su misma caña renacía,
matizando los prados de violetas,
de rosas y de cándidas mosquetas;
no de otra suerte que la alfombra pinta
el tracio con la seda de colores,
en cada rueda de labor distinta
arábicos caracteres y flores:

que la Naturaleza aun no pensaba
que al arte su pincel perfeccionaba.
A la parte oriental, Euro tendía
las alas vagarosas
el austro y mediodía,
y Bóreas fiera a las distantes osas
por el Septentrïón temor ponía
el sol por sus dorados paralelos
comenzaba el camino de los cielos;
que por no diestra del calor la copia,
blanca Alemania, fue, negra Etiopía,
cuya eclíptica de oro no sabía
el nombre de los signos que tenía,

ni en su campo pensó que espigas de oro
paciera el Aries y rumiara el Toro.

La casta luna en su argentado plaustro
no se mostraba al austro
lluviosa, alternativas las dos puntas,
una a la tierra y otra al claro cielo,
sino pidiendo con las manos juntas
calor al sol para su eterno hielo;
sin temer el piloto en los confines
del vasto mar astrólogo delfines:
que, pacífico rey de su elemento,
se imaginaba superior al viento.
Los hombres por las selvas discurrían,
amando sólo el dueño que tenían,
sin interés, sin celos.
¡Oh dulces tiempos, oh piadosos cielos!

Allí no adulteraba la hermosura
de marfil de su cándida figura,
ni la fingida nieve
y el bastardo carmín daban al arte
lo que Naturaleza no se atreve;
ni a Venus bella, en conjunción de Marte,
al cielo el sol celoso descubría,
ni en Chipre se vendía
amor artificial. ¡Oh siglo de oro,
de nuestra humana vida desengaño,
si vieras tanto engaño,
tan poca fe, tan bárbaro decoro!

Todo era amor suave, honesto y puro,
todo limpio y seguro;

tanto que parecía
una misma armonía
la del cielo y el suelo,
que aspiraba a juntarse con el cielo.
En este tiempo de los altos coros
hermosa virgen con real ornato
bajó a la tierra, que adoró el retrato
de Júpiter divino, y por los poros
de sus fértiles venas
vertió blancos racimos de azucenas,
y las fuentes sonoras
provocaban las aves
o canciones süaves
en las del verde abril frescas auroras,
que del son de las aguas aprendieron
cuantos después cromáticos supieron.

Venía una castísima doncella,
vestida de una túnica esplendente,
sembrada de otras muchas, siendo estrella,
y una corona en la espaciosa frente,
cuya labor y auríferos espacios
ocupaban jacintos y topacios.
Los coturnos con lazos carmesíes
forjaban esmeraldas y rubíes,
que descubría el céfiro süave
de la fimbria talar con pompa grave;
un ardiente crisólito la planta
para estamparla en tierra pura y santa

No sale de otra suerte por el cielo,
con frente de marfil y pies de hielo,

la cándida mañana,
guarneciendo de plata sobre grana
la capa de zafiros,
de las sombras somníferos retiros,
y volviendo de inmensas pesadumbres
reflujos a sus mismas claridades
de montes y ciudades,
cúpulas altas de gigantes cumbres,
a la noche tenía
en negro empeño hasta el futuro día.

Los hombres, admirados
de ver tanta hermosura,
preguntaron quién era,
no habiendo visto por los tres estados
del aire exhalación tan viva y pura
ni pájaro tan raro que pudiera
ceñir la frente de tan rica esfera,
ni dar tales asombros,
resplandecer sus hombros
con alas de oro, plumas de diamantes,
no conocidos antes,
y aun presumir la admiración pudiera
que el sol bajaba de su ardiente esfera
a vivir con los hombres, como Apolo,
viéndose arriba, como sol tan solo.

Entonces de sí misma esclarecida
la hermosa reina a su piadoso ruego,
por una rosa de rubí partida,
en el jardín angélico nacida.
«Yo soy —le dije— la Verdad», y luego,

como dormida en celestial sosiego,
quedó la tierra en paz, que alegre tuvo
mientras con ella la Verdad estuvo,
que cuanto en ella vive
su misma luz y claridad recibe.

Pero felicidad tan soberana
poco duró por la soberbia humana,
porque en países de diversos nombres,
por cuanto el mar abraza
en esta universal del mundo plaza,
el número creciendo de los hombres,
desvanecido el suelo,
presumió desquiciar la puerta al cielo,
y habiendo ya ciudades
y fábricas de inmensos edificios
con armas en los altos frontispicios,
comenzaron con bárbaras crueldades,

intereses, envidias, injusticias,
los adulterios, logros y codicias,
los robos, homicidios y desgracias;
y no contentos ya de aristocracias,
emprendieron llegar a monarquías.
La púrpura engendró las tiranías,
nació la guerra en brazos de la muerte,
los campos dividieron fuerza o suerte,
dispuso la traición el blanco acero
para verter su propia sangre humana,
y fue la envidia el agresor primero,
y procedió la ingratitud villana

del mismo bien a tantos vicios madre,
infame hija de tan noble madre.

Bañó la ley la pluma
en pura sangre para tanta suma,
que excede su papel todas las ciencias:
tales son las humanas diferencias.
Pero, por ser los párrafos primeros,
y ser los hombres, como libres fieros,
no siendo obedecidas,
quitaron las haciendas y las vidas
a sus propios hermanos y vecinos,
e hicieron las venganzas desatinos;
porque dormidos los jüeces sabios,
castiga el ofendido sus agravios.

Robaban las doncellas generosas
para amigas, a título de esposas,
traidores a su amigo,
y todo se quedaba sin castigo:
que muchos que temieron,
por no perder las varas, las torcieron;
y muchos que tomaron,
pensando enderezarlas, las quebraron.

¡Oh favor de los reyes!
Del sol reciben rayos las estrellas,
telas de araña llaman a las leyes,
el pequeño animal se queda en ellas,
y el fuerte las quebranta.
¡Ay del señor que sus vasallos deja
al cielo remitir la justa queja!

Viendo, pues, la divina Verdad santa
la tierra en tal estado,
el rico idolatrado,
el pobre miserable,
a quien ni aun el morir es favorable,

mientras más voces da, menos oído;
el sabio aborrecido,
escuchado y premiado el lisonjero,
vencedor el dinero,
José vendido por él propio hermano,
lástima y burla del estado humano:
y entre la confusión de tanto estruendo,
Demócrito riendo,
Heráclito llorando,
la muerte no temida,
y para el sueño de tan breve vida
el hombre edificando,
ignorando la ley de la partida,
con presuroso vuelo
subióse en hombros de sí misma al cielo.

POESÍAS SUELTAS

ROMANCE SOBRE LO QUÉ ES LA CORTE

Agora vuelvo a templaros,
desconcertado instrumento;
que de una vez no se acaban
los muchos males que tengo;
aunque ya de suerte estáis
descuadernado y abierto,
que no hay cosa que os parezca,
si yo mismo no os parezco.
Cantemos nuevas historias
de aquellos pesares viejos,
aunque si han de ser pesares,
mejor será que lloremos.
Ayuden cuerdas tan locas
a un loco de penas cuerdo,
y el que niega que lo soy
pruebe a sufrir un destierro:
verá que mayor cordura
no cabe en humano pecho
que a tantos años de agravios
entonar el sufrimiento.
Desengáñese la causa
de las penas que padezco,
que haberme humillado tanto

fue de mi vida remedio.
Un alto ciprés es justo
que tema un rayo del cielo,
pero no la humilde caña,
que sabe humillarse al suelo.
¡Oh Babilonia del mundo!
Bien haya el triste suceso
que me trajo a contemplarte
con lágrimas desde lejos.
Santísimas soledades,
yo os adoro y reverencio,
pues miro desde vosotras
las desventuras que dejo,
que se van desde estos montes
de mentiras y de enredos.
En esas calles, pobladas
de animales y hombres ciegos,
¡qué se ven de honradas almas,
envueltas en cuerpos muertos!
Que sin duda es muerte viva
la de los pobres discretos.
¡Qué de opiniones injustas
en muchos ricos y necios,
que canonizan su gusto
con los que tiene sujetos!
¡Qué de Bellidos traidores
con máscaras de consejos,
y qué de Alejandros Magnos
sin virtud y sin provecho!
¡Qué de Ulises y sirenas,
y qué de caballos griegos,
que estando dentro de casa
paren los hijos ajenos!

¡Qué de varas que han torcido
amor, interés y miedo,
por ser ellas tan delgadas
y así por la punta el peso!
¡Qué de inútiles que viven
a la sombra de los buenos,
que los gastan poco a poco,
como las hiedras al fresno!
¡Qué de hipócritas que roban
honras, famas y dineros,
con unos ojos hundidos
de pensar malos intentos!
¡Qué de engaños que han medido
con las varas de sus dueños!
¡Qué de señores con deudas,
qué de señoras con deudos,
qué de haciendas razonables,
qué de dotes de otro tiempo,
resueltos en pasamanos
de una basquiña o manteo!
¡Qué de Lucrecias romanas
humilladas por el peso
de aquel metal invencible
dorador de tantos yerros!
¡Qué de escuadrón de perdidos,
cuyas paredes y cuerpos
cubre la seda y el oro,
vendidos por tantos precios!
¡Qué inútil banda y escuela
de idolatrados mozuelos,
llenos de nuevas de Flandes,
y siempre de Flandes lejos!

¡Que de malquistos por graves,
que todo su pensamiento
es llevar una merced
por infinitos rodeos!
¡Qué de lindos a sus ojos,
que en otros parecen feos,
porque son lisonjas mudas
las lunas de los espejos!
¡Qué de cobardes espadas
en fe de mostachos negros,
y qué de plumas baldías,
harto buenas para remos!
¡Qué de privanzas, que estaban
compitiendo con los cielos,
se ven humillar agora
más bajas que los infiernos!
¡Oh Babilonia, formada
de lenguajes tan diversos,
madrastra a los hijos propios
y madre a los extranjeros!
Varias naciones del mundo
llevaron a Roma a un tiempo
lo que de ti llevan hoy
los más enemigos reinos.
Mucha licencia tomamos:
parad, señor instrumento;
no se acaben de quebrar
en la cabeza del dueño.
Dejemos para otro día
lo que ha muchos que sabemos,
y queden agravios propios
sepultados en silencio.

A LA MUERTE DE DON LUIS DE GÓNGORA

Despierta, ¡oh Betis!, la dormida plata
y, coronado de ciprés, inunda
la docta patria, en Sénecas fecunda,
todo el cristal en lágrimas desata;

repite soldedas, y dilata
por campos de dolor vena profunda,
única luz, que no dejó segunda;
al polifemo ingenio Atropos mata.

Góngora ya la parte restituye
mortal al tiempo, ya la culta lira
en cláusula final a voz incluye.

Ya muere y vive: que esta sacra pira
tan inmortal honor le constituye
que nace fénix donde cisne expira.

ADIÓS, SOLTERAS, DE EMBELECOS LLENAS...

Adiós, solteras, de embelecos llenas
libres, en fin, de tantas libertades,
que tenéis en querer más variedades,
que el mar pescados y la Libia arenas;

adoro muchas buenas: que las buenas
tienen siempre el valor de sus verdades.
De las que dan y toman voluntades
hablan mis desengaños y mis penas.

Labradora del alma que me labras
de nuevo a ti con esas manos bellas,
ya voy a oír tus rústicas palabras.

Adiós, casadas, libres y doncellas;
que más vale querer quien guarda cabras
que no imitar los que proceden de ellas.

¿QUIÉN MATA CON MÁS RIGOR?

¿Quién mata con más rigor?
Amor.
¿Quién causa tantos desvelos
Celos.
¿Quién es el mal de mi bien?
Desdén
¿Qué más que todos también
una esperanza perdida,
pues que me quitan la vida
amor, celos y desdén?

¿Qué fin tendrá mi osadía?
Porfía.
¿Y qué remedio mi daño?
Engaño.
¿Quién es contrario a mi amor?
Temor.
Luego es forzoso el ribor,
y locura el porfiar,
pues mal se pueden juntar
porfía, engaño y temor.

¿Qué es lo que el amor me ha dado?
Cuidado.
¿Y qué es lo que yo le pido?
Olvido.
¿Qué tengo del bien que veo?
Deseo.
Si en tal locura me empleo,
que soy mi propio enemigo,
presto acabarán conmigo
cuidado, olvido y deseo.

Nunca mi pena fue dicha.
Desdicha
¿Qué aguarda mi pretensión?
Ocasión
¿Quién hace a amor resistencia?
Ausencia.
Pues ¿dónde hallará paciencia,
aunque a la muerte le pida,
si me han de acabar la vida
desdicha, ocasión y ausencia?

AMANECIERON EN EL CLARO ORIENTE...

Amanecieron en el claro oriente
entre el aurora, perlas y cristales,
los dos hermosos ojos celestiales
que al mundo alumbran con su luz ardiente.

Daba el menor divino, refulgente,
con rayos de oro, luz a los mortales;

daba el mayor los rayos orientales
cubiertos de una nube transparente.

Cual águila caudal, miré atrevido
los bellos ojos de Juliana y Juana
contra los rayos del inmenso fuego...

Mirélos solos de su luz movido,
y por pagar mi confianza vana
hirióme el resplandor y quedé ciego.

ROMANCERO GENERAL
(1604 y 1614)

DE UNA RECIA CALENTURA

De una recia calentura
de un amoroso accidente,
con el frío de unos celos
Belardo estaba a la muerte.
Pensando estaba en la causa,
que quiso hallarse presente
para mostrar que ha podido
hallarse a su fin alegre.
De verle morir la ingrata
ni llora ni se arrepiente,
que quien tanto en vida quiso
hoy en la muerte aborrece.
Empezó el pastor sus mandas

y dice: «Quiero que herede
el cuerpo la dura tierra,
que es deuda que se le debe;
sólo quiero que le saquen
los ojos y los entierren
porque los llamó su dueño
la ingrata Filis mil veces.
Y mando que el corazón
en otro fuego se queme
y que las cenizas mesmas
dentro de la mar las echen,
que por ser palabras suyas
en la tierra do cayeren
podrán estar bien seguras
de que el viento se las lleve.
Y pues que muero tan pobre
que cuanto dejo me deben,
podrán hacer mi mortaja
de cartas y de papeles,
y de lo demás que queda
quiero que a Filis se entregue
un espejo, porque tenga
en que se mire y contemple.
Contemple que su hermosura
es rosa cuando amanece
y que es la vejez la noche
a cuya sombra se quede
y que sus cabellos de oro
se verán presto de nieve,
y con más contento y gusto
goce las horas que duerme.»

CONTEMPLANDO ESTABA FILIS...

Contemplando estaba Filis
a la medianoche sola
una vela a cuya lumbre
labrando estaba una cofia,
porque andaba en torno della
una blanca mariposa,
quemándose los extremos
y cerca de arderse toda.
Suspendióse, imaginando
el avecilla animosa
tomóla en sus blancas manos
y así le dice, envidiosa:
«¿Adónde tienes los ojos,
que de esta luz te enamoras,
la boca con la que besas
y el gusto con que la gozas?
¿Adonde tienes tu ingenio
¿Adónde está la memoria?
¿Con qué lengua la requiebras?
¿Con qué despojos la adornas?
¿Qué le dices cuando llegas,
cuando en su fe presurosa
le dejas alguna prenda
de la afición que la adoras?
Y sin haberte ido vienes
y después de volar tornas
hasta el punto que tu vida
entre las llamas despojas,
viendo que no será justo
dilatar su muerte y gloria.»
En diciendo estas razones,

llegóse al fuego y quemóla.
«Dichosa fuiste, avecilla
—Filis prosigue—, pues gozas
en los brazos de tu amigo
vida y muerte gloriosa;
que la vida sin contento
mucha falta y poca sobra
y sólo el sosiego es bueno
adonde el alma reposa.
Mas ¿cómo yo con tu ejemplo
no me doy la muerte agora?
Morir quiero, pues me anima,
y acabar con tantas cosas.
He sabido que Belardo
su vida pasa con otra,
porque le enojan mis celos
y mis desdichas le enojan.»
Del paño de su labor
un corto cuchillo toma
y dijo, toda turbada:
«¡Oh Belardo, aquí fue Troya!»
Pero primero que fuese
puesto el intento por obra,
quiso probar el dolor,
que es mujer y temerosa.
Con la aguja que labraba
picóse el dedo, y turbóla
de su muy querida sangre
el ver salir una gota.
Pide un paño a la criada,
intento y cuchillo arroja;
lloró su sangre perdida,
que su amante no la llora.

DULCE FILIS, SI ME ESPERAS...

Dulce Filis, si me esperas,
de favor has de ir mudando,
que es mucho para burlando
y poco para de veras.

Si fías en mis amores,
pon en sus llamas sosiego,
y si burlas de mi fuego,
no le atices con favores.

No es bien que encenderme quieras
con favor de cuando en cuando,
que es mucho para burlando
y poco para de veras.

A las del infierno ardiendo
es mi pena semejante,
que con el manjar delante
estoy de hambre muriendo.

Con tu esperas desesperas,
pues el favor que vas dando
es mucho para burlando
y poco para de veras.

Si mandas, ¿por qué no das?
Si lo has de dar, dalo junto
y, si junto, dalo pronto,
y si no no mandes más.

No es bien que engañarme quieras
con favor de cuando en cuando,
que es mucho para burlando
y poco para de veras.

CUANDO LAS SECAS ENCINAS...

Cuando las secas encinas,
álamos y robles altos,
los secos ramillos visten
de verdes hojas y ramos
y las fructíferas plantas
con mil pimpollos preñados
brotando fragantes flores
hacen mil colores varios
para pagar el tributo
al bajo suelo, ordinario
natural de la influencia
qu'el cielo les da cada año,
y secas las hierbezuelas
de los secretos contrarios
por naturales efectos
al ser primero tornando,
de cuyos verdes renuevos
hacen mil colores varios
de miles distintas flores
que esmaltan los verdes prados,
de lechales cabritillos
y los corderos balando
corren a los alcaceles
ya comiendo, ya jugando,
cuando el pastor Albano suspirando

con lágrimas, así dice llorando:
«Todo se alegre, mi Belisa, ahora:
sólo tu Albano se entristece y llora.

Los romeros y tomillos
de cuyos floridos ramos
las fecundas abejuelas
sacan licor dulce y claro,
y con la mucha abundancia,
su labor melificando
hinchen el panal nativo
de poleo tierno y blanco,
de cuyos preñados huevos
los hijuelos palpitando
salen, por gracia divina,
a poblar ajenos vasos;
las laboriosas hormigas
de sus provistos palacios
seguras salen a ver
el tiempo sereno y claro
y los demás animales
aves, peces, hierba o campo,
desechando la tristeza,
todos se alegran ufanos
previniste tiempo alegre;
mas triste, el pastor Albano,
su querida Belisa
dice, el sepulcro mirando:
«Cuando el pastor Albano...», etc.

Belisa, señora mía,
hoy se cumple justo un año

que de tu temprana muerte
gusté aquel potaje amargo.
Un año te serví enferma,
¡ojalá fueran mil años,
que así enferma te quisiera,
contino aguardando el pago!
Sólo yo te acompañé
cuando todos te dejaron
porque te quise en la vida,
y muerta te adoro y amo;
y sabe el cielo piadoso,
a quien fiel testigo hago,
si te querrá también muerta
quien viva te quiso tanto.
Dejésteme en tu cabaña
por guarda de tu rebaño,
con aquella dulce prenda
que me dejaste del parto,
que por ser hechura tuya
me consolaba algún tanto
cuando en su divino rostro
contemplaba tu retrato;
pero duróme tan poco
qu'el cielo, por mis pecados,
quiso que también siguiese
muerta tus divinos pasos.
«Cuando el pastor Albano...», etc.

LA

GATOMAQUIA

(Madrid, 1634)

LA GATOMAQUIA

A DON LOPE FÉLIX DEL CARPIO
Soldado de la Armada de Su Majestad

DE DOÑA TERESA VERICUNDIA AL LICENCIADO TOMÉ DE BURGUILLOS

Sobre «La gatomaquia»

SONETO

Con dulce voz y pluma diligente,
y no vestida de confusos caos,
cantáis, Tomé, las bodas, los saraos
de Zapaquilda y Micifuf valiente.

Si a Homero coronó la ilustre frente
cantar las armas de las griegas naos,
a vos de los insignes marramaos
guerras de amor por súbito accidente.

Bien merecéis un gato de doblones,
aunque ni Lope celebréis o el Tasso
Ricardos o Gofredos de Bullones;

pues que por vos, segundo Gatilaso
quedarán para siempre de ratones
libres las bibliotecas del Parnaso.

SILVA PRIMERA

Yo, aquel que en los pasados
tiempos cantó las selvas y los prados,
éstos vestidos de árboles mayores,
y aquellas de ganados y de flores,
las armas y las leyes,
que conservan los reinos y los reyes;
hora en instrumento menos grave,
canto de amor süave
las iras y desdenes,
los males y los bienes
no del todo olvidado
el fiero Taratántara templado
con el silbo del pífano sonoro.
Vosotras musas de castalio coro,
dadme favor en tanto
que con el genio que me disteis, canto
la guerra los amores y accidentes
de dos gatos valientes;
que como otros están dados a perros
o por ajenos o por propios yerros
también hay hombres que se dan a gatos
por olvidos de príncipes ingratos,
o porque los persigue la fortuna
desde el columpio de la tierna cuna.
Tú don Lope, si acaso
te deja divertir por el Parnaso
el holandés pirata,
gato de nuestra plata,
que infesta las marinas
por donde con la armada peregrinas,

suspende un rato aquel valiente acero
con que al asalto llegas el primero,
y escucha mi famosa *Gatomaquia.*
Así desde las Indias a Valaquia
corra tu nombre y fama,
que ya por nuestra patria se derrama
desde que viste la morisca puerta
de Túnez y Bizerta,
armado y niño en forma de Cupido,
con el marqués famoso
de mejor apellido,
como su padre, por la mar dichoso.
No siempre has de atender a Marte airado,
desde tu tierna edad ejercitado,
vestido de diamantes,
coronado de plumas arrogante:
que alguna vez el ocio
es de las armas cordïal socrocio,
y Venus en la paz, como San Telmo,
con manos de marfil le quita el yelmo.

Estaba sobre un alto caballete
de un tejado, sentada
la bella Zapaquilda al fresco viento,
lamiéndose la cola y el copete,
tan fruncida y mirlada
como si fuera gata de convento.
Su mismo pensamiento
de espejo le servía,
puesto que un roto casco le traía
cierta urraca burlona,
que no dejaba toca ni valona

que no escondía por aquel tejado,
confín del corredor de un licenciado.
Ya que lavada estuvo,
y con las manos que lamidas tuvo,
de su ropa de martas aliñada,
cantó un soneto en voz medio formada
en la arteria bocal, con tanta gracia
como pudiera el músico de Tracia,
de suerte que cualquiera que la oyera,
que era solfa gatuna conociera
con algunos cromáticos disones,
que se daban al diablo los ratones.

Asomábase ya la primavera
por un balcón de rosas y alhelíes,
y Flora, con dorados borceguíes,
alegraba risueña la ribera;
tiestos de Talavera
prevenía el verano,
cuando Marramaquiz, gato romano,
aviso tuvo cierto de Maulero,
un gato de la Mancha, su escudero,
que al sol salía Zapaquilda hermosa,
cual suele amanecer purpúrea rosa
entre las hojas de la verde cama,
rubí tan vivo, que parece llama;
y que con una dulce cantilena
en el arte mayor de Juan de Mena,
enamoraba el viento.
Marramaquiz, atento
a las nuevas del paje,
que la fama enamora desde lejos,

que fuera de las naguas de pellejos
del campanudo traje,
introducción de sastres y roperos,
doctos maestros de sacar dineros,
alababa su gracia y hermosura
con tanta melindrífera mesura;
pidió caballo, y luego fue traída
una mona vestida
al uso de su tierra,
cautiva en una guerra
que tuvieron las monas y los gatos.
Púsose borceguíes y zapatos,
de dos dediles de segar abiertos,
que con pena calzó, por estar tuertos;
una cuchara de plata por espada,
la capa colorada
a la francesa, de una calza vieja,
tan igual, tan lucida y tan pareja,
que no será lisonja
decir que Adonis en limpieza y gala,
aunque perdone Venus, no le iguala;
por gorra de Milán, media toronja,
con un penacho rojo, verde y bayo,
de un muerto por sus uñas papagayo.
que diciendo: «¿Quién pasa?», cierto día,
pensó que el rey venía,
y era Marramaquiz, que andaba a caza.
y halló para romper la jaula traza.
Por cuera, dos mitades que de un guante
le ataron por detrás y por delante
y un puño de una niña por valona.
Era el gatazo de gentil persona,

y no menos galán que enamorado,
bigote blanco y rostro despejado,
ojos alegres, niñas mesuradas
de color de esmeraldas diamantadas,
y a caballo en la mona parecía
el paladín Orlando, que venía
a visitar a Angélica la bella.
La recatada ninfa, la doncella,
en viendo el gato, se mirló de forma,
que en una grave dama se transforma,
lamiéndose, a manera de manteca,
la superficie de los labios seca,
y con temor de alguna carambola,
tapo las indecencias con la cola;
y bajando los ojos hasta el suelo,
su mirlo propio le sirvió de velo;
que ha de ser la doncella virtuosa
más recatada mientras más hermosa.

Marramaquiz entonces, con ligeras
plantas batiendo el tetuán caballo,
que no era pie de hierro o pie de gallo,
le dio cuatro carreras,
con otras gentilezas y escarceos,
alta demostración de sus deseos;
y, la gorra en la mano,
acercóse galán y cortesano
donde le dijo amores.
Ella, con los colores
que imprime la vergüenza,
le dio de sus guedejas una trenza;
y al tiempo que los dos marramizaban,

y con tiernos singultos relamidos
alternaban sentidos,
desde unas claraboyas, que adornaban
la azotea de un clérigo vecino,
un bodocazo vino,
disparado de súbita ballesta,
más que la vista de los ojos presta,
que dándole a la mona en la almohada,
por dedentro morada,
por defuera pelosa,
dejó caer la carga y presurosa
corrió por los tejados,
sin poder los lacayos y criados
detener el furor con que corría.
No de otra suerte que en sereno día
bolas de nieve escupe, y de los senos
de las nubes relámpagos y truenos
súbita tempestad en monte o prado,
obligando que tímido ganado
atónito se esparza,
ya dejando en la zarza,
de sus pungentes laberintos vana,
la blanca o negra lana,
que alguna vez la lana ha de ser negra;
y hasta que el sol en arco verde alegra
los campos, que reduce a sus colores,
no vuelven a los prados ni a las flores;
así los gatos iban alterados
por corredores, puertas y terrados,
con trágicos maúllos,
no dando, como tórtolas, arrullos,
y la mona, la mano en la almohada,

la parte occidental descalabrada,
y los húmidos polos circunstantes
bañados de medio ámbar, como guantes.

En tanto que pasaban estas cosas,
y el gato en sus amores discurría
con ansias amorosas
(porque no hay alma tan helada y fría,
que amor no agarre, prenda y engarrafe),
y el más alto tejado enternecía,
aunque fuesen las tejas de Getafe,
y ella, con ñifi ñafe,
se defendía con semblante airado,
aquel de cielo y tierra monstruo alado,
que vestido de lenguas y de ojos,
ya decrépito viejo con antojos,
ya lince penetrante,
por los tres elementos se pasea,
sin que nadie le vea,
con la forma elegante
de Zapaquilda discurrió ligero
uno y otro hemisfero
aunque con las verdades lisonjera,
y en cuanto baña en la terrestre esfera,
sin excepción de promontorio alguno,
el cerúleo Neptuno,
plasmante universal de toda fuente,
desde Bootes a la austral corona
y de la zona frígida a la ardiente.
Esto dijo la fama, que pregona
el bien y el mal, y en viendo su retrato,
se erizó todo gato,

y dispuso venir, con esperanza
del galardón que un firme amor alcanza.

Los que vinieron por la tierra, en postas
trajeron, por llegar a la ligera,
sólo plumas y banda, calza y cuera;
los que habitaban de la mar las costas
(tanto pueden de amor dulces empresas)
vinieron en artesas,
mas no por eso menos
hasta la cola de riquezas llenos;
y otros, por bizarría,
para mostrar después la gallardía,
en cofres y baúles,
surcando las azules
montañas de Anfitrite,
y alguno que a disfraces se remite,
por no ser conocido,
en una caja de orinal metido.

Con esto en muchos siglos no fue vista,
como en esta conquista,
tanta de gatos multitud famosa
por Zapaquilda hermosa.
Apenas hubo teja o chimenea
sin gato enamorado,
de bodoque tal vez precipitado,
como Calixto fue por Melibea;
ni ratón parecía,
ni de balbuciente hocico permitía
que de nido saliese,
ni queso ni papel se agujereaba,

por costumbre o por hambre que tuviese;
ni poeta por todo el universo
se lamentó que le royesen verso;
ni gorrión saltaba,
ni verde lagartija
salía de la cóncava rendija.

Por otra parte, el daño compensaba
que de tanto gatazo resultaba,
pues no estaba segura
en sábado morcilla ni asadura,
ni panza ni cuajar, ni aun en lo sumo
de la alta chimenea
la longaniza al humo,
por imposible que alcanzarla sea,
exento a la porfía en la esperanza,
que tanto cuanto mira, tanto alcanza.
Entre esta generosa, ilustre gente,
vino un gato valiente,
de hocico agudo y de narices romo,
blanco de pecho y pies, negro de lomo,
que Micifuf tenía
por nombre, en gala, cola y gallardía,
célebre en toda parte
por un zapinarciso y gatimarte.
Esto, luego que vio la bella gata
más reluciente que fregada plata,
tan perdido quedó, que noche y día
paseaba el tejado en que vivía,
con pajes y lacayos de librea;
que nunca sirve mal quien bien desea.
Y sucedióle bien, pues luego quiso,

¡oh gata ingrata!, a Micifuf Narciso,
dando a Marramaquiz celos y enojos.
No sé por cuál razón puso los ojos
en Micifuf, quitándole al primero,
con súbita mudanza,
el antiguo favor y la esperanza.

¡Oh, cuánto puede un gato forastero,
y más siendo galán y bien hablado,
de pelo rizo y garbo ensortijado!
Siempre las novedades son gustosas;
no hay que fiar de gatas melindrosas.
¿Quién pensara que fuera tan mudable
Zapaquilda cruel e inexorable,
y que al galán Marramaquiz dejara
por un gato que vio de buena cara,
después de haberle dado
un pie de puerco hurtado,
pedazos de tocino y de salchichas?
¡Oh, cuán poco en las dichas
está firme el amor y la fortuna!
¿En qué mujer habrá firmeza alguna?
¿Quién tendrá confianza,
si quien dijo mujer dijo mudanza?
Marramaquiz, con ansias y desvelos
vino a enfermar de celos
porque ninguna cosa le alegraba.
Finalmente, Merlín, que le curaba,
gato de cuyas canas, nombre y ciencia
era notoria a todos la experiencia,
mandó que se sangrase,
y como no bastase,

vino a verle su dama,
aunque tenía en un desván la cama,
adonde la carroza no podía
subir, por alta y por la estrecha vía;
pero, en fin, apeada,
entró, de su escudero acompañada.

Mirándose los dos severamente,
después de sosegado el accidente,
él con maúllo habló y ella con mirlo,
que fuera harto mejor pegarla un chirlo.
Pero, por alegrarle la sangría,
le trajo su criada Bufalía
una pata de ganso y dos ostiones.
Él se quejó con tímidas razones,
en su lenguaje mizo,
a que ella con vergüenza satisfizo;
quejas que, traducidas de él y de ella,
así decían: «Zapaquilda bella,
por qué me dejas tan injustamente?
¿Es Micifuf más sabio, es más valiente?
¿Tiene más ligereza, mejor cola?
¿No sabes que te quise elegir sola
entre cuantas se precian de mirladas,
de bien vestidas y de bien tocadas?
¿Esto merece que un invierno helado,
de tejado en tejado
me hallaba el alba al madrugar el día,
con espada, broquel y bizarría,
más cubierto de escarcha
que soldado español que en Flandes marcha

con arcabuz y frascos?
Si no te he dado telas y damascos,
es porque tú no quieres vestir galas
sobre las naturales martingalas,
por no ofender, ingrata a tu belleza,
las naguas que te dio Naturaleza.

»Pero en lo que es regalos ¿quien ha sido
más cuidadoso, como tú lo sabes,
en cuanto en las cocinas atrevido
pude garrafiñar de peces y aves?
¿Qué pastel no te traje, qué salchicha?
¡Oh terrible desdicha!
Pues no soy yo tan feo;
que ayer me vi, mas no como me veo,
en un caldero de agua que de un pozo,
sacó para regar mi casa un mozo,
y dije: «¿Esto desprecia Zapaquilda?
¡Oh celos!, ¡oh piedad!, ¡oh amor!, reñilda.»
No suele desmayarse el sol ardiente
la flor del mismo nombre, y la arrogante
cerviz bajar humilde, que la gente
por la loca altitud llamó gigante;
ni queda el tierno infante
más cansado después de haber llorado
de su madre en el pecho regalado,
que el amante quedó sin alma. ¡Oh cielos,
qué dulce cosa amor, qué amarga celos!»

Ella, como le vio que ya exhalaba
blandamente el espíritu en suspiros,

y que piramizaba
entre dulces de amor fingidos tiros,
porque no se le rompa vena o fibra,
el mosqueador de las ausencias vibra,
pasándole dos veces por su cara.
Volvióle en sí, que aquí favor bastara
para librarle de la muerte dura,
y luego, con melífera blandura,
le dijo en lengua culta:
«Si tu amor dificulta
el que me debes, en tu agravio piensas
tan injustas ofensas;
que aunque es verdad que Micifuf me quiere,
y dice a todos que por mí se muere,
yo te guardo la fe como tu esposa.»
Cesó con esta Zapaquilda hermosa,
sellando honesta las dos rosas bellas;
que siempre hablaron poco las doncellas,
que como las vïudas y casadas,
no están en el amor ejercitadas.

Bajaba ya la noche,
y las ruedas del coche,
tachonadas de estrellas
brilladores diamantes y centellas,
detrás de las montañas resonaban.
Los pájaros callaban,
dejando el campo yermo,
cuando los pajes del galán enfermo
en el alto desván hachas metían,
que alumbrar la carroza prevenían.
Entonces los amantes

(que son los cumplimientos importantes),
ella por irse y él quedarse a solas,
se hicieron reverencia con las colas.

SILVA II

Convaleciente ya de las heridas
de los crueles celos
de Micifuf, Marramaquiz valiente
(aquellos que han costado tantas vidas,
y que en los mismos cielos
a Júpiter, señor del rayo ardiente,
con disfraz indecente,
fugitivo de Juno,
su rigor importuno
tantas veces mostraron,
que en fuego, en cisne, en buey le transformaron
por Europa, por Leda y por Egina),
con pálida color y banda verde,
para que la sangría se le acuerde
que amor enfermo a condoler se inclina,
paseaba el tejado y la buharda
de aquella ingrata cuanto hermosa fiera.
Quien ama fieras, ¿qué firmeza espera?,
¿qué fin, qué premio aguarda?
Zapaquilda gallarda
estaba en su balcón, que no atendía
más de a saber si Micifuf venía,
cuando Garraf, su paje,
si bien de su linaje,
llegó con un papel y una bandeja.

Ella la cola y el confín despeja
y la bandeja toma,
sobre negro color labrada de oro
por el indio oriental, y con decoro
mira si hay algo que primero coma,
ofensa del cristal de la belleza;
propia naturaleza
de gatas ser golosas,
aunque al tomar se finjan melindrosas;
y antes de oír al paje,
ve las alhajas que el galán envía,
qué joya, qué invención, qué nuevo traje.
En fin, vio que traía
un pedazo de queso
de razonable peso,
y un relleno de huevos y tocino;
Atis en fruta que produce el pino
entre menuda rama
en la falda del alto Guadarrama,
por donde van al bosque de Segovia;
y luego, en fe de que ha de ser su novia,
dos cintas que le sirven de arracadas,
gala que sólo a gatas regaladas,
cuando pequeñas, las mujeres ponen,
que de rosas de nácar las componen.

Tomó luego el papel, y con sereno
rostro, apartando el queso y el relleno,
vio que el papel decía:
«Dulce señora, dulce prenda mía,
sabrosa, aunque perdone Garcilaso
si el consonante mismo sale al paso,

más que la fruta de cercado ajeno;
ese queso, mi bien, ese relleno
y esas cintas de nácar os envío,
señas de la verdad del amor mío.»
Aquí llegaba Zapaquilda, cuando
Marramaquiz celoso, que mirando
estaba desde un alto caballete
tan gran traición, colérico arremete,
y echa veloz, de ardiente furia lleno
una mano al papel y otra al relleno.

Garraf se pasma y queda sin sentido,
como el que oyó del arcabuz el trueno
estando divertido,
a quien el ofendido,
tiro una manotada con las fieras
uñas, de suerte que formando esferas
por la región del aire vagaroso,
le arrojó tan furioso,
que en el claro cristal de sus espejos
pudo cazar vencejos,
menos apasionado y más ocioso.
No de otra suerte el jugador ligero
le vuelve la pelota al que la saca,
herida de la pala resonante;
quéjate el aire, que del golpe fiero
tiembla, hasta tanto que el furor se aplaca,
y chaza el que interviene el pie delante;
el gatazo arrogante,
sin soltar el relleno, despedaza
el papel, que en los dientes
con la espuma celosa vuelve estraza,

y a Zapaquilda atónita amenaza.
Como se suele ver en las corrientes
de los undosos ríos quien se ahoga,
que asiéndose de rama, yerba o soga,
la tiene firme, de sentido ajeno,
así Marramaquiz tiene el relleno,
que ahogándose en congojas y desvelos
no soltaba la causa de los celos.

¡Oh, cuánto amor un alma desespera,
pues cuando ya se ve sin esperanza
en un relleno tomará venganza!
Mas ¿quién imaginara que pudiera
dar celos de amor en ocasiones
con rellenos de huevos y riñones?
Mas ¡ay de quien le había
hecho para la cena de aquel día!
huyóse al fin la gata, y con el miedo,
tocó las tejas con el pie tan quedo,
que la amazona bella parecía
que por los trigos pálidos corría,
sin doblar las espigas de las cañas;
que de tierras extrañas
tales gazapas las historias cuentan.
Los miedos que a la gata desalientan,
la hicieron prometer, si la libraba,
al niño Amor un arco y una aljaba
de aquel celoso Rodamonte fiero,
hasta pasar las furias del enero:
el cual juró olvidarla, y en su vida,
desnuda ni vestida,
volver a verla, ni tener memoria

de la pasada historia
y buscar algún sabio
para satisfacción de tanto agravio.
Pero fueron en vano sus desvelos,
que amor no cumple lo que juran celos;
y tanto puede una mujer que llora,
que vienen a reñirla y enamora
creyendo el que ama, en sus celosas iras,
por una lagrimilla mil mentiras;
y como Ovidio escribe en *su Epistolio,*
que no me acuerdo el folio,
estas heridas del amor protervas
no se curan con yerbas;
que no hay para olvidar a amor remedio
como otro nuevo amor o tierra en medio.
Garraf, en tanto que esto se trataba,
estropeado a Micifuf llegaba,
maullando tristemente
en acento hipocóndrico y doliente,
como suelen andar los galloferos
para sacar dineros,
manqueando de un brazo,
colgado de un retazo,
y débiles las piernas,
una cerrando de las dos linternas,
por mirar a lo bizco.
Luego en el corazón le dio un pellizco
la mala nueva que adelanta el daño,
haciendo el aposento al desengaño,
y díjole: «¿Qué tienes,
Garraf amigo, que tan triste vienes?
Entonces él, moviendo tremolante

blanca cola detrás, lengua delante,
le refirió el suceso,
y que Marramaquiz papel y queso
y relleno también le había tomado,
como celoso airado,
como agraviado necio,
con infame desprecio,
con descortés porfía,
y que de tan extraña gatería
Zapaquilda admirada,
huyó por el desván, la saya alzada;
que lo que en las mujeres son las naguas
de raso, tela o chamelote de aguas,
es en las gatas la flexible cola,
que *ad libitum* se enrosca o se enarbola.

Contóle que de aquella manotada,
con su cuerpo afligido,
de miedo helado y de licor teñido,
descalabró los aires,
y con otros agravios y desaires,
que prometió vengarse por la espada
de hablarle enamorado a Zapaquilda
y hablarla en el tejado de Casilda,
una tendera que en la esquina estaba;
y dijo que pensaba,
en desprecio y afrenta de sus dones,
hacer de los listones
cintas a sus zapatos.
¡Oh celos!, si entre gatos,
de burla y de veras,
formáis tales quimeras,

¿qué haréis entre los hombres
de hidalgo proceder y honrados nombres?

No estuvo más airado
Agamenón en Troya,
al tiempo que metiendo la tramoya
del gran Paladión, de armas preñado,
echaron fuego a la ciudad de Eneas,
de ardientes hachas y encendidas teas,
causa fatal del miserable estrago
de Dido y de Cartago,
por quien dijo Virgilio,
destituida de mortal auxilio,
que llorando decía:
»¡Ay dulces prendas cuando Dios quería!»
Ni Barbarroja en Túnez,
ni el fuerte Pirro ni Simón Antúnez,
este bravo español y griego el otro;
que Micifuf, como si fuera potro,
relinchando de cólera, en oyendo
el fiero y estupendo
furor de su enemigo;
mas prometiendo darle igual castigo,
se fue a trazar el modo
de vengarse de todo;
que a un pecho noble, a un ínclito sujeto,
mayor obligación, más celo alcanza
de poner en efeto
desempeñar su honor con la venganza.
Marramaquiz en tanto
desesperado por las selvas iba
para buscar al sabio Garfiñanto,

al tiempo que la aurora, fugitiva
de su cansado esposo,
arrojaba la luz a los mortales,
y el sol infante en líquidos pañales
de celajes azules
mandaba recoger en sus baúles,
para poder abrir los de oro y rosa,
el manto de la noche temerosa,
aunque era todo el manto de diamantes,
en el zafiro nítido brillantes,
ojos del sueño el hurto y el espanto.
Este gatazo y sabio Garfiñanto,
cano de barba y de mostachos yerto,
de un ojo resmellado y de otro tuerto,
bien que de ilustre cola venerable,
y que sabía con rigor notable
natural y moral filosofía,
por los montes vivía
en una cueva oculta,
cuya entrada a las fieras dificulta,
como el de Polifemo, un alto risco.
No se le daba un prisco
de riquezas del mundo que estimaba
sólo el sol que Alejandro le quitaba
a aquel que, de los hombres puesto en fuga,
metido en un tonel, era tortuga,
¡Bien haya quien desprecia
esta fábula necia
de honores, pretensiones y lugares,
por estudios o acciones militares!

Sabía Garfiñanto astrología,

mas no pronosticaba;
que decía que el cielo gobernaba
una sola virtud que le movía,
a cuya voluntad está sujeto
cuanto crió, que todo fue perfeto;
no sacaba almanaques,
ni decía que en Troya o los Alfaques
verían abundancia
de pepinos y brevas,
muchas lentejas en París y en Tebas,
y que cierta cabeza de importancia,
sin decirnos adónde, faltaría;
que por mujeres Venus prometía
pendencias y disgustos,
como si por sus celos o sus gustos
fuese en el mundo nuevo.
Pero, volviendo a nuestro sabio Febo,
después de consultado,
dijo a Marramaquiz que su cuidado
en vano a Zapaquilda pretendía,
y que sólo sería
remedio que pusiese en otra parte,
vengándose con arte,
los ojos, divirtiendo el pensamiento;
que amar era cruel desabrimiento,
mas que traer un áspid en las palmas,
en no reciprocándose las almas;
que amor se corresponde con Anteros,
y más si lo negocian los dineros.

Destituido el gato
ya de mortal socorro,

se fue calando el morro,
y diole una salchicha,
por no mostrarse a Garfiñanto ingrato;
no pagar la ciencia
es cargo de conciencia,
mas dicen que de sabios es desdicha.
Pensando en quién pusiese, finalmente,
de toda la gatesca bizarría,
la dulce enamorada fantasía,
para verse de amor convaleciente,
se le acordó que enfrente
de su casa vivía un boticario,
cuyo cocinante vestuario
una gata salía,
que la bella Micilda se decía,
y sentada tal vez en su tejado,
miraba como dama en el estrado
los nidos de los sabios gorrïones,
dejando pulular los embriones,
y en viendo abiertos los maternos huevos,
comerse algunos de los ya mancebos.
Admitiendo este nuevo pensamiento,
más que su voluntad, su entendimiento,
que amor en las venganzas se resfría,
emprende mucho y ejecuta poco,
por entonces templó la fantasía,
que aquello es cuerdo lo que duerme un loco.

Estaba el sol ardiente
una siesta de mayo calurosa,
aunque amorosamente,
plegando el nácar de la fresca rosa,

que producen los niños abrazados
huevos del cisne y huevos estrellados,
pues que los hizo estrellas,
cuando Micilda con las manos bellas
la cara se lavaba y componía
no lejos del tejado en que vivía.

Marramaquiz, que ya con más cuidado
la miraba y servía,
en fe del Garfiñanto consultado,
cuando al mismo tejado
Zapaquilda llegó por accidente.
El gato, viendo la ocasión presente,
para que su deseo
la diese celos con el nuevo empleo,
llevándose más tierno y relamido,
a Micilda, que ya, de vergonzosa,
estaba más hermosa,
y equívoco fingiendo
falso desprecio, descuidado olvido,
en su venganza misma padeciendo
amorosos deseos
(tales son del amor los devaneos),
requebrando a Micilda, a quien pensaba
ofrecer los despojos
de aquella guerra, paz de sus enojos,
y a Zapaquilda a lo traidor miraba
en las intercadencias de los ojos,
tan extraño sentido,
que es menos entendido
mientras que más parece que se entiende,
pues siempre con engaños se defiende;

que si las luces de los ojos miras,
basta ser niñas para ser mentiras.
Micilda, a quien tocaba en lo más vivo
el amor primitivo,
porque, como doncella, fácilmente
a lo que entonces siente
la tierna edad, se rinden y avasallan,
hablando con los ojos cuando callan,
de buena gana dio fácil oído
a los requiebros del galán fingido,
con que ya andaban de las dos las colas
más turbulentas que del mar las olas.
Zapaquilda, sentada,
de aquella libertad (que es propio efeto
de la que fue querida
sentir desprecio donde vio respeto),
murmurando entre dientes,
amenazaba casos indecentes
entre personas tales,
en calidad y en nacimiento iguales.

Como se ve gruñir perro de casa,
mirando al que se entró de fuera enfrente,
estando en medio de los dos el hueso,
que ninguno por él, de miedo, pasa,
parando finalmente
las iras del canículo suceso
en que ninguno de los dos le come,
obligando a que tome
un palo algún criado,
que los desparte airado
y deja divididos,

quedando el hueso en paz y ellos mordidos
así feroz gruñía
Zaquilda envidiosa,
afectos de celosa,
aunque al gallardo Micifuf quería;
que hay mujeres de modo
que, aunque no han de querer, lo quieren todo
porque otras no lo quieran,
y luego que rindieron lo que esperan,
vuelven a estar más tibias y olvidadas.
Finalmente, las gatas encontradas,
siendo Marramaquiz el hueso en medio
(tal suele ser de celos el remedio),
pocos lances, de mirarse airadas,
vieron a las manos, dando al viento
los cabellos y faldas;
y en tanto arañamiento,
turbadas de color las esmeraldas
maullando en tiple y el gatazo en bajo,
cayeron juntas del tejado abajo
con ligereza tanta,
aunque decirlo espanta,
por ser, como era, el salto
cinco suelos en alto,
hasta el alero del tejado fines,
que no perdió ninguna los chapines;
quedando el negro amante,
después de tan extraños desconsuelos,
muerto de risa en acto semejante:
tan dulce es la venganza de los celos.

SILVA III

Distaba de los polos igualmente
máscara del sol, y Cinosura,
primera cuadrilátera figura,
la estrella luciente,
que mira el navegante,
daba la celeste arquitectura;
velaba todo amante
el silencio de la noche oscura,
y en el indiano clima el sol ardía,
dos mitades dividido el día,
cuando gallardo Micifuf valiente
paseaba el tejado de su dama,
que sangrada en la cama
la tuvo el accidente
dos días, que faltó sol al tejado
estuvo la cocina sin cuidado,
por la altura de los sietes suelos,
mas por el sobresalto de los celos.
Iba galán y bravo,
un cucharón sin cabo,
destos de hierro, de sacar buñuelos,
por casco en la cabeza,
en ella tienen la mayor flaqueza,
pues no suelen morir de siete heridas,
por quien dicen que tienen siete vidas,
y un golpe én la cabeza los atonta;
la tienen a desmayos pronta.

Broquel de cobertera,
espada de a caballo, que antes era

cuchillo viejo de limpiar zapatos,
que él solía llamar *timebunt* gatos;
y por las manchas de los pies y el anca
natural media blanca,
y capa de un bonete colorado,
abierto por un lado,
plumas de un pardo gorrïón cogido
por ligereza, pero no por arte.
Así rondaba del nuevo Durandarte,
galán favorecido,
porque son los favores de la dama
guarnición de las yalas de quien ama.
Dos músicos traían instrumentos,
a cuyo son y acentos
cantaban dulcemente;
y así, llegando del balcón enfrente
de Zapaquilda bella,
cantaron un romance que por ella
compuso Micifuf, poeta al uso,
que él tampoco entendió lo que compuso.
Mas puesta a la ventana
con serenero de su propia lana,
hasta que Bufalia
le trajo un rocadero,
que por más gravedad y fantasía
sirvió de capirote y serenero,
y en medio de lo grave
del romance süave
es dijo con despejo,
pareciéndole versos a lo viejo,
que jácara cantasen picaresca;
y así cantaron la más nueva y fresca,

que para que lo heroico y grave olviden,
hasta las gatas jácaras les piden:
tanto el mundo decrépito delira.
Aquí se resolvió la dulce lira,
y en dos lascivos ayes,
andolas, guirigayes
y otras tales bajezas,
cantaron, pues, las bárbaras proezas
y hazañas de rufianes,
que estos son los valientes capitanes
que celebran poemas
de aquellos que, en extremas
necesidades, viven arrojados
al vulgo, como perros a leones;
que la virtud y estudios mal premiados
mueren por hospitales y mesones:
verdes laureles de Virgilios y Enios,
perecer la virtud y los ingenios.

Mas ¿quién le mete a un hombre licenciado
más que en hablar de sólo su tejado?
Que no le dio la escuela más licencia;
que es todo lo demás impertinencia.
Cuando aquesto pasaba,
Marramaquiz estaba
inquieto y acostado,
treguas pidiendo a su mortal cuidado;
pero, como el amor le desvelaba,
dio, de sentido falto,
desde la cama un salto,
compuesta de pellejos,
otro tiempo conejos

que en el Pardo vivían,
y en la cola sus cédulas traían
para seguridad de sus personas;
mas, ¡ay muerte cruel!, ¿a quién perdonas?
Saltó, en efecto, como el conde Claros,
y armándose de ofensas y reparos,
vino de ronda al puesto por la posta,
por ver si había moros en la costa,
y no siendo ilusión el pensamiento
(que del alma el primero movimiento
pocas veces engaña),
no suele débil caña
en las espadas verdes esparcidas,
del aire sacudidas,
hacer manso rüido
con más veloz sonido,
como rugió los dientes;
ni entre los accidentes
del erizado frío
al enfermo sucede
aquel amor contrario,
como de ver tan loco desvarío,
que apenas le concede,
entre uno y otro pensamiento vario,
respiración y aliento,
de la vida instrumento,
helado y abrasado
entre ardores y hielos,
que al frío de los celos
frígido fuego sucedió mezclado,
que con distinto efeto
en un mismo sujeto

viven, siendo contrarios;
la causa es una y los efectos varios.

Miraba a Zapaquilda en la ventana,
hablando con su amante,
sin miedo de la luz de la mañana,
que coronaba el último diamante
del manto de la noche, que iba huyendo
y cantando y tañendo
los músicos con tanto desenfado
como si fuera su tejado el Prado;
que nunca los amantes
previnieron peligros semejantes;
así los embeleca
amor de ceca en meca,
como olvidado Antonio con Cleopatra,
la gitana de Menfis, que idolatra,
que ciego de su gusto no temía
el César que siguiéndola venía;
porque si fue romano Octaviano,
también Marramaquiz era romano;
y si valiente César y prudente,
no menos fue él prudente que valiente;
que, en su tanto los méritos mirados,
César pudiera ser de los tejados.
Como detrás del árbol escondido
mira y advierte con atento oído
el cazador de pájaros el ramo,
donde tiene la liga y el reclamo,
para, en viendo caer el inocente
jilguero, que los duces silbos siente
del amigo traidor, que le convida

a dura cárcel con la voz fingida,
y apenas ve las plumas revolando
entre la liga, cuando
arremete y le quita, no piadoso,
sino fiero y cruel; así el celoso
Marramaquiz atento
esperaba el primero movimiento
del venturoso amante, que decía
con dulce mirlamiento:
«Dulce señora mía,
¿cuándo será de nuestra boda el día?
»¿Cuándo querrá mi suerte que yo pueda
llamaros dulce esposa
que entonces para mí será dichosa?
¡Ay! Tanto bien el cielo me conceda.
Mas fue nuestra fortuna
que Júpiter jamás por ninfa alguna,
aunque se transformaba
en buey, que el mar pasaba,
en sátiro y en águila y en pato,
nunca le vieron transformarse en gato;
porque si alguna vez gatiquisiera,
de los amantes gatos se doliera.»
Con voz enamorada,
doliente y desmayada,
la gata respondía:
«Mañana fuera el día
de nuestra alegre boda;
pero todo mi bien desacomoda
aquel infame gato fementido,
Marramaquiz, celoso de mi olvido,
que en llegando a saber mi casamiento,

hubiera temerario arañamiento,
y estimar vuestra vida
me tiene temerosa y encogida;
que es robusto y valiente,
y en materia de celos impaciente;
mejor será matarle con veneno.»
Aquí, de furia lleno,
respondió Micifuf: «¿Por un villano
pierdo el favor de vuestra hermosa mano
¿Él, señora, lo estorba?
¿Es, por ventura, más que yo valiente?
¿Tiene la uña corva
más dura que la mía,
o más agudo y penetrante el diente
entre la mostachosa artillería?
¿Qué hueso de la pierna o espinazo
se me resiste a mí? ¿Qué fuerte brazo?
¿Yo no soy Micifuf? ¿Yo no desciendo
por línea recta, que probar pretendo,
de Zapirón, el gato blanco y rubio
que después de las aguas del diluvio
fue padre universal de todo gato?
Pues ¿cómo agora, con desdén ingrato,
tenéis temor de un maullador gallina,
valiente en la cocina,
cobarde en la campaña,
y referir por invencible hazaña
dar a Garraf, un gato mi escudero,
que, fuera de ser gato forastero,
es ahora tan mozo
que apenas tiene bozo,
una guantada con las uñas cinco,

si de repente dio sobre él un brinco?
¿Qué Cipïón del africano estrago?
¿Qué Aníbal de Cartago?
¿Qué fuerte Pero Vázquez Escamilla,
el bravo de Sevilla,
por esos ojos, que a la verde falda
de las selvas hurtaron la esmeralda?
Que si entonces me hallara en el tejado,
que no llevara, como se ha llevado,
el queso y el relleno;
¿y queréis que le mate con veneno?
Esa es muerte de príncipes y reyes,
con quien no valen las humanas leyes,
no para un gato bárbaro cobarde,
cuyas orejas os traeré esta tarde,
y de cuyo pellejo,
si no me huye con mejor consejo,
haré para comer con más gobierno
una ropa de martas este invierno.»

Aquí, Marramaquiz desatinado,
cual suele arremeter el jarameño
toro feroz, de media luna armado,
al caballero con airado ceño
(andaluz o extremeño;
que la patria jamás pregunta el toro),
y por la franja del bordado de oro
caparazón meterle en la barriga
dos palmas de madera de tinteros,
acudiendo al socorro caballeros,
a quien la sangre o la razón obliga,
al caballo inocente, que pensaba,

cuando le vio venir, que se burlaba:
«Gallina Micifuf —dijo furioso,
el hocico limpiándose espumoso—:
blasonar en ausencia
no tiene de mujeres diferencia.
Yo soy Marramaquiz, yo noble al doble
de todo gato de ascendiente noble;
si tú de Zapirón, yo de Malandro,
gato del macedón Magno Alejandro,
desciendo, como tengo en pergamino,
pintado de colores y oro fino,
por armas un morcón y un pie de puerco,
de Zamora ganados en el cerco,
todo en campos de golas,
sangriento más que rojas amapolas,
con un cuartel de quesos asaderos
roeles en Castilla los primeros.
No fueron en cocinas mis hazañas,
sino en galeras, naves y campañas;
no con Garraf, tu paje,
con gatos moros, las mejores lanzas;
que yo maté en Granada a Tragapanzas,
gatazo abencerraje,
y, cuerpo a cuerpo, en Córdoba, a Murcifo,
gato que fue del regidor Rengifo,
y de dos uñaradas
deshice a Golosillo las quijadas,
por gusto de una Miza, mi respeto,
y le quité una oreja a Boquifleto,
gato de un albañil de Salobreña;
la cola, en Fuentidueña,
quité de un estirón a Lameplatos,

mesonero de gatos;
sin otras cuchilladas que he tenido,
y la que di a Garrido,
que del corral de los naranjos era
por la espada primera
único gaticida.
Pero es hablar en cosa tan sabida
decir que el tiempo vuela y no se para
que no hay cara más fea que la cara
de la necesidad, y la más bella
aquella del nacer con buena estrella,
que alumbra el sol y que la nieve enfría,
que es oscura la noche y claro el día.

Esa gata cruel, que me ha dejado
por tu poco valor, verá muy presto,
siendo aqueste tejado
el teatro funesto,
cómo te doy la muerte que mereces,
porque mi vida a Zapaquilda ofreces,
llevando tu cabeza presentada
a Micilda, que es ya mi prenda amada;
Micilda, que es más bella
que al vespertino sol cándida estrella,
Venus, que rutilante
es de su anillo espléndido diamante.
Ésta sí que merece la fe mía,
mi constancia, mi amor, mi bizarría:
que no gatas mudables,
que, si por su hermosura son amables
son por su condición aborrecibles,
amigas de mudanzas e imposibles.»

Aquí sacó la espada ruginosa
de la vaina mohosa,
y a los golpes primeros
se llamaron fulleros,
si bien no hay deshonor desenvainada
y Zapaquilda, huyendo,
del súbito temor la sangre helada,
dejóse el serenero en el tejado.
Los músicos, en viendo
el belicoso duelo comenzado,
huyeron, como suelen;
que no hay ganas que vuelen
tan altas por los vientos;
dicen que por guardar los instrumentos
y mil razones tienen,
pues que sólo a cantar en ellos vienen;
que mal cantara un hombre si supiera
que había luego de sacar la espada,
que tanto el pecho altera;
ni pudiera formar la voz turbada;
que hay mucha diferencia, si se mira,
de dar en los broqueles o en las cuerdas
pasar la espada el pecho, o por la lira,
el arco hiriendo las pegadas cerdas.
Andaba entonces Guruguz de ronda,
con una escuadra vil de sus esbirros,
cuyo abuelo, nacido en Trapisonda,
curaba hipocondríacos y cirros;
y viéndolos andar a la redonda,
como si fueran Césares o Pirros,
los dos valientes gatos,
con fuerte anhelo, descansando a ratos,

llegaron a ponerse de por medio,
que fue difícil, pero fue remedio.

Mas, como respetar a la justicia
de gente principal respeto sea,
y lo contrario bárbara malicia,
luego Marramaquiz rindió la espada;
¿quién habrá que lo crea?
Mas viendo Guruguz que no quería
que la amistad quedase confirmada,
sino permanecer en su porfía,
llevólos a la cárcel, enojado,
cuando Febo dorado
asomaba la frente
por las ventanas del rosado Oriente,
como si azúcar fuera, y de colores
en campo verde iluminó las flores.

SILVA IV

Quien dice que el amor no puede tanto,
que nuestro entendimiento
no puede sujetarle, es imposible
que sepa qué es amor, que reina en cuanto
compone alguna parte de elemento
en el mundo visible.
¡Oh fuerza natural incomprensible!
Que en todo cuanto tiene
una de las tres almas,
a ser el alma de sus almas viene.
¿Quién no se admira de mirar las palmas

en la región del África desnuda,
cuando su fruto en oro color muda,
con sólo aquel ardor vegetativo
amarse dulcemente?
Que en lo demás que siente,
no es mucho que de amor el fuego vivo
imprima sentimiento
y natural deseo
con lazos de pacífico himeneo.
La fiera, el ave, el pez, en su elemento,
todos aman y quieren
por la razón de bien lo que es amable,
pues aman lo que es sólo vegetable.
Si de ningún sentido el bien infieren
entre las cosas que por él adquieren
algún conocimiento,
perdonen cuantas aves y animales
de su distinto gozan elemento;
ningunas son iguales
en amor a los gatos,
exceptuando las monas,
que hasta en esto se precian persona;
y ya que no en esencia, en ser retratos;
porque acontece con el hijo al pecho
abrazarle con lazo tan estrecho
que le hacen exhalar la sensitiva
alma vital. Así el amor les priva,
que fue en la estimativa conocido
del natural sentido;
y si por opinión crítico alguno
tiene que amor tan loco
no puede haber en anima ninguno,

váyase poco a poco
al africano Tetuán, adonde
verá cómo, a los árboles trepando,
esta del hombre semejanza propia,
de que hay allí gran copia,
ya sale con el hijo, ya se esconde,
y a los que van o vienen caminando,
con risa de monesco regocijo,
muestra el peloso hijo.

Mas fuera disparate,
si no es que en ellas trate,
ir por ver una mona
hasta el África un hombre:
que si de Tito Livio llevó el nombre
muchos hombres a Roma, fue corona
de los historiadores;
que solo aquellas cosas superiores,
dignas por fama de admirable espanto,
es bien que cuesten tanto
como ver a Venecia,
perche chi non la vede non la precia;
que al cielo desde el agua se avecina,
y en góndolas por coches se camina.
Los gatos, en efeto,
son del amor un índice perfeto,
que a los demás prefiere,
y quien no lo creyere,
asómese a un tejado
con frías noches de un invierno helado,
cuando miren las hélices nocturnas
las estrelladas urnas

del frígido Acüario;
verá de gatos el concurso vario
por los melindres de la amada gata,
que sobre tejas de escarchada plata
su estrado tiene puesto,
y con mirlado gesto
responde a los maúllos amorosos
de los competidores,
no de otra suerte, oyendo sus amores,
que Angélica la bella
de Ferragut y Orlando,
amantes belicosos,
cuando andaban por ella
sin comer ni dormir, acuchillando
franceses y españoles,
de que no se le dio dos caracoles.

¿Qué cosa puede haber con que se iguale
la paciencia de un gato enamorado,
en la canal metido de un tejado
hasta que el alba sale,
que en vez de rayos coronó el Oriente
de carámbanos frígidos la frente?
Pues sin gabán, abrigo ni sombrero,
Febo oriental le mirará primero
que él deje de obligar con tristes quejas
las de sus gatarrígidas orejas,
por más que el cielo llueva
mariposas de plata cuando nieva.
Mas dejando cansadas digresiones,
que el retórico tiene por viciosas,
aunque en breves paréntesis gustosas,

presos los dos gatíferos campiones,
por no querer hacer las amistades,
y responder soberbias libertades,
dicen que Zapaquilda
y la bella Micilda,
tapadas de medio ojo,
con sus mantos de humo,
que es llegar a lo sumo
de un amoroso antojo
fueron a ver sus presos:
que en tanta autoridad tales excesos
parecen desatino.
En fin, Micilda enamorada vino,
con que a toda objeción amor responde:
así la infanta doña Sancha al conde
Garcí Fernández, preso, visitaba
en la oscura prisión del rey su padre,
dicen que con deseos de ser madre,
que había días que sin él estaba.
Cada cual de las dos imaginaba
que la otra venía
por el que ella quería,
y con este engañado pensamiento,
que nunca tienen mucho fundamento
los celos, comenzaron a mirarse
en manifestación de sus enojos,
tirándose relámpagos los ojos.
¡Oh, quién las viera entonces levantarse
sobre los pies derechas,
a ver si eran verdades las sospechas,
y de ser descubiertas recatarse;
condición de los celos esconderse,

quererse declarar y no atreverse!
Que, como son desprecio del paciente,
huye de que se entienda lo que siente,
que amar siempre se tuvo por nobleza,
y los celos por acto de bajeza,
como si amor pudiese estar sin celos,
que más pueden estar sin sol los cielos,
testivo Juno y Pocris, a quien llora
Céfalo por los celos de la aurora.

En fin, después de sufrimiento tanto,
quitó Micilda de la Cara el manto
a la siempre celosa Zapaquilda,
y ella, echando las uñas a Micilda,
con el rebozo el moño,
no suele por los fines del otoño
quedar la vid ñudosa en los sarmientos
de los marchitos pámpanos robada,
sin resistencia los primeros vientos,
que con nevado soplo y boca helada
cierzo dejó cadáver con la fiera
mano que floreció la primavera,
como las dos quedaron en la rifa;
ni Fátima y Jarifa
por el abencerraje Abindarráez,
ni por Martín Peláez,
que del Cid heredó la valentía,
doña Urraca y María de Meneses,
aquella a quien pedía
con palabras corteses
las nueces su galán, si no bailaba,
así celoso amor las provocaba.

En fin, a puros tajos y reveses
de las rapantes uñas aguileñas,
desmoñadas las greñas
y el solimán raído,
quedaron desmayadas sin sentido,
haciendo cada cual la «gata morta».
No fue con esto la prisión más corta,
pero salieron de día finalmente;
que el tiempo, con los bienes o los males,
dejando siempre atrás todo accidente,
que fue final acción de los mortales,
vuela sin detenerse
dejándose llevar para perderse.

Así pasó la gloria de Numancia
y la brava arrogancia
de la fuerte Sagunto,
porque la tierra toda es sólo un punto
de la circunferencia de los cielos.
Pero ¿qué desatino de las musas
me lleva a tan extrañas garatusas?
Las iras del amor y de los celos
pasaron adelante
uno y otro amante.
Pero Marramaquiz, aconsejado
de sus amigos, remitió el cuidado
al amor de Micilda;
mas, como el que tenía a Zapaquilda
era del alma verdadero efeto,
aunque disimulaba a lo discreto,
andaba triste y de congojas lleno;
¡mísero del que vive en cuerpo ajeno,

y por un amoroso desvarío
pierde la libertad del albedrío,
que no la compra el oro,
porque es de todos el mayor tesoro!

Tenía las mandíbulas de suerte
que era un retrato de la muerte fiera,
aunque es yerro pintarle calavera,
porque aquella es el muerto, y no la muerte.
La muerte ha de pintarse una figura
robusta, de cruel semblante airado,
los fuertes pies en una piedra dura,
no sepulcro en pórfido labrado,
con reyes y monarcas,
hasta el que calza rústicas abarcas;
damas que sujetaron capitanes,
y en ásperas naciones,
por bárbaras regiones
fieros mamelucos y soldanes,
pintadas al uno y otro lado
la enfermedad, la guerra y la desgracia.
Parcas que tantas muertes han causado
por tantos desconciertos,
que huesos ya no es muerte, sino muertos.
No aprovechaba la hermosura y gracia
de Micilda a quitar al pobre amante
la memoria tenaz; que Amor escribe
con la flecha cruel en el diamante
del alma donde vive,
y compitiendo con el tiempo, quiere
que viva en ella cuando el cuerpo muere.

En estos medios Micifuf intenta,
a su competidor viendo remoto,
por medio de Garullo, su compadre,
que había sido gato en una venta,
pedirla por mujer a Ferramoto
de Zapaquilda padre.
Propúsole Garullo,
con prudente maúllo,
las partes de su amigo,
como de ellas testigo,
sin otras consecuencias
que atajaban celosas diferencias.
Ferramoto era un gato
de buen entendimiento y de buen trato,
cano de barba y negro de pellejo;
persona que en la verde primavera
de sus años, jamás en la ribera
de Manzanares se le fue conejo,
porque sirvió de galgo
a cierto pobre y miserable hidalgo,
que con él se alumbraba,
y de suerte de noche relumbraba,
que pensando una moza que eran lumbre
las niñas de sus ojos, que brillantes
en la ceniza estaban relumbrantes,
yendo al hogar, como era su costumbre,
sin pensar darle enojos
le metió la pajuela por los ojos.
Nunca sin esto, gato marquesote,
oposición le hizo;
oyó de buena gana lo propuesto
y del novio galán se satisfizo,

aunque llegando a concertar el dote
de seca mimbre un cesto
dijo que la daría,
que de cama de campo le servía,
seis sábanas de lienzo de narices,
con algunos fragmentos por tapices
de viejos reposteros;
cuatro quesos añejos casi enteros,
y una mona cautiva que tenía,
que hablaba en lengua culta y la entendía,
sin otras menudencias.
Con estas conveniencias
las capitulaciones se firmaron,
y el día de la boda concertaron;
Marramaquiz estaba
en ocasión tan triste,
como por burla y chiste,
jugando a la pelota
con un ratón a quien pescó de paso,
que de un baúl de versos del Parnaso
a una maleta rota,
aunque llena de pleitos y escrituras,
pasaba haciendo gestos y figuras.

Tal suele acontecer un triste caso,
en medio de la vida,
que no hay seguridad en cosa humana.
Ya con veloz corrida
daba esperanza vana
al mísero animal, ya le volvía,
ya le arrojaba en alto
mojado de temor, de aliento falto,

y en medio del camino le cogía,
como quien tira al vuelo,
diciendo: «Tente», como al agua el hielo,
ya con las manos mizas
le daba por los lados
algunos bofetones regalados,
cuando llegó Tomizas;
Tomizas, su escudero y sin aliento
le dijo el casamiento concertado
de Micifuf y Zapaquilda ingrata;
y sintiendo perder su dulce gata,
dejó al pobre animal, que, desmayado,
apenas acertaba con la vida:
mas puesto en fuga, la libró perdida;
que quien no ha de morir, si la fortuna
revoca la sentencia,
nunca le falta diversión alguna.
En aquella dichosa intercadencia,
a Tomizas, en fin, la diligencia,
valió una manotada con la zurda,
que cuando no le aturda,
no es poco para zurda manotada,
que le dejó la cara desgastada.
Esto gana traer del mal albricias.
¡Oh, cuánto, amor de la razón desquicias
un noble caballero!
Por eso ningún paje ni escudero
se fíe en la privanza;
que es fácil en señores la mudanza,
y el sol es gran señor, y nunca para
en rueda más mudable; a la fortuna
se parece la dama doña Luna,

que nunca vemos de una misma cara.
Dejando la pelota el triste amante,
de celos y de amor perdido y loco,
que la vida y la honra tiene en poco,
vino a su casa con tristeza tanta,
que se metió debajo de una manta;
y luego, provocado a mayor furia;
de una carrera se subió al tejado;
así desnudo Orlando, provocado
de no menor injuria,
cuando leyó los rótulos del moro
que decían: «Amor, que sin decoro
en la buena fortuna te gobiernas,
aquí gozó de Angélica Medoro»,
en el papel de las cortezas tiernas
de aquellos olmos, de su bien testigos,
para el francés Orlando cabrahigos.

Bajó Marramaquiz desesperado,
y entrando en la cocina,
sin respeto de Paula y de Marina,
esclavas del ausente licenciado,
como laureles y álamos los mira,
donde Climene por Faetón suspira,
los pucheros y cántaros quebraba,
vertió la olla en la sazón que hervía,
y llamando a Borbón, borbor decía;
y a tanto mal llegó su desatino,
que sacó media libra de tocino,
que andaba como nave en las espumas,
y si no se la quitan, se le mama:
tanto pueden los celos de quien ama.

Una perdiz con plumas
quiso tragarse, y no dejaba cosa que
no la deshiciese,
por alta que estuviese;
trepaba la lustrosa
reluciente espetera,
derribando sartenes y asadores,
y con estas demencias y furores,
en una de fregar cayó caldera
(trasposición se llama esta figura)
de agua acabada de quitar del fuego,
de que salió pelado.
Pero viniendo luego
el señor licenciado,
dijo que era veneno que tendría
algún vecino que matar quería
ratones de su casa,
hecha de rejalgar traidora masa,
y a su servicio ingrato,
por matar los ratones, mató el gato.
Y dijo bien, según los aforismos
de Nicandro: que son los celos mismos
un veneno tan súbito, que apenas
toca la lengua, cuando ya las venas
y el corazón abrasan;
tan presto al centro de la vida pasan.
que no hay frías cicutas ni anapelos
como sólo un escrúpulo de celos.
En fin, de ver el gato lastimado
que le había criado,
envió por triaca,
que todo venenoso ardor aplaca,

de la magna que hacen en Valencia,
de que tenía una redoma sola
cierta farmacopola.
El gato, con paciencia,
respeto de su dueño,
tomó dos onzas y rindióse al sueño.

SILVA V

Oh tú, don Lope si por dicha agora
por los mares antárticos navegas,
o surto en tierra, cuando al puerto llegas,
preguntas a la aurora
qué nuevas trae de la bella España,
donde tus prendas amorosas dejas,
y por regiones bárbaras te alejas;
o miras en los golfos
de la naval campaña
por donde vino Júpiter a Europa,
encima de la popa
sin velas de Muricios ni Rodolfos,
más traidores que fue Bellido Dolfos,
sereno el rostro en la dormida Tetis
de la airada Anfitrite,
más que en Sevilla corre humilde el Betis,
cuando a la mar permite
la luna barquerola,
no por las nubes de color de Angola,
una punta a la tierra y otra al cielo
de pocas luces salpicando el velo,
escucha en voz más clara que confusa

mi gatífera musa,
y no permitas, Lope, que te espante
que tal sujeto un licenciado cante
de mi opinión y nombre,
pudiendo celebrar mi lira un hombre
de los que honraron el valor hispano,
para que al resonar la trompa asombre,
arma virumque cano;
que, como no se usa
el premio, se acobarda toda musa;
porque si premio hubiera,
del Tajo la ribera
oyera en trompa bélica sonora
divinos versos hijos de la aurora.
Por esto quiere mas que ver ingratos,
cantar batallas de amorosos gatos,
fuera de que escribieron muchos sabios
de los que dice Persio que los labios
pusieron en la fuente cabalina,
en materias humildes grandes versos.
Mira si de Virgilio fueron tersos,
cuya princesa pluma fue divina,
cuando escribió el *Moreto,* que en la lengua
de Castilla decimos *almodrote,*
sin que por él le resultase mengua,
ni por pintar el picador *mosquito.*
¿Y quién habrá que note,
aunque fuese satírico Aristarco,
de Ulises el diálogo a Plutarco?
La calva en versos alabó Sinesio;
gran defecto tartesio,
quiere decir que hay calvos en España

en grande cantidad, que es cosa extraña,
o porque nacen de cerebro ardiente.
Y también escribió del transparente
camaleón Demócrito,
y las cabañas rústicas Teócrito,
y tanta filosófica fatiga
Dïocles puso en alabar el *nabo,*
materia apenas para un vil esclavo,
el *rábano* Marción, Fanias la *ortiga,*
y la *pulga* don Diego de Mendoza,
que tanta fama justamente goza.
Y si el divino Homero
cantó con plectro a nadie lisonjero
la *Batracomiomaquia,*
¿por qué no cantaré la *Gatomaquia?*
Fuera de que Virgilio conocía
que a cada cual su genio le movía.

Ya todo prevenido
para el tálamo estaba,
y el día estatuido
la posesión llamaba
a la esperanza de los dos amantes;
más muchas veces con peligro toca
el vidrio lleno de licor la boca;
alegres los vecinos circunstantes,
convidados los deudos y parientes,
y escrito a los ausentes:
que en tales ocasiones más atentos
están que a la verdad los cumplimientos.
Solo Marramaquiz, gato furioso,
lamentaba celoso

sus penas y cuidados
por altos caballetes de tejados,
en que su voz resuena,
cual suele por las selvas filomena
que ha perdido su dulce compañía
con triste melodía
esparcir los acentos de su pena,
trinando la dulcísima garganta,
que a un tiempo llora y canta;
o como perro braco
que ha perdido su dueño,
o flamenco o polaco,
que ni se rinde al sueño
ni el natural sustento solicita,
aunque en cantar no imita
el ruiseñor süave,
que una cosa es el perro y otra el ave,
y a cada cual su propio oficio cuadra,
porque si canta el ave, el perro ladra.

Tenía ya Ferrato
en un zaquizamí curiosamente
la sala aderezada
de uno y otro retrato
de belicosa cuanto ilustre gente;
que las efigies son de los mayores
el mas heroico ejemplo,
de la perpetuidad glorioso templo,
como se ven de Tarbolán y Eneas,
y en Calvo, el de las fuerzas giganteas,
en Juan de Espera en Dios, y el Transilvano,
en Pirro, griego, y Scévola, romano.

Allí estaba Gafurio,
que ganó la batalla de las monas,
de grave gesto y de nación ligurio,
y otros gatos con cívicas coronas,
navales y murales,
y al laurel de los cesares iguales.
No faltaban el Túmire y el Moco,
ni con el descolado Ociquimoco,
que asistía en las casas del cabildo,
y el armado Mufildo,
más de valor que acero,
ni Garavillos, gato perulero.
Estaba el rico estrado,
de dos pedazos de una vieja estera
hecha la barandilla,
de ricas almohadas adornado
en tarimas de corcho, y por defuera
el grave adorno de una y otra silla,
con tanta maravilla,
que si un culto le viera,
es cierto que dijera,
por únicos retóricos pleonasmos:
Pestañeando asombros, guiñó pasmos.

Ya las sombras, cayendo
de los mayores montes
a los humildes valles,
enlutaban los claros horizontes,
y el mecánico estruendo
en las vulgares calles
cesaba a los oficios,
tráfagos y bullicios,

encerraba el silencio en mudos pasos,
y a diferentes casos
la ronda y los amantes prevenían
las armas que tenían,
cuando a la luz huyendo la tiniebla
de alegres deudos el salón se puebla.
Vino Calvillo, de fustán vestido,
de patas de conejos guarnecido,
griguiesco y saltambarca,
más amante de Laura que el Petrarca,
por una gata de este nombre propio,
aunque parezca en gatos nombre impropio;
pero si llaman a una perra Linda,
Diana, Rosa, Fátima y Celinda,
bien se pudo llamar Laura una gata,
de piel bruñida como tersa plata.
Maús de borací, trajo griguiesco,
cuera de cordobán, gorrón tudesco,
y de negro, con mucha bizarría,
Zurrón, gato mirlado,
de medias y de estómago colchado;
Ranillos, que bajó de Andalucía,
de conejo en conejo,
por la Sierra Morena
a ver del Tajo la ribera amena,
con el cano Alcubil, su padre viejo;
Grunillos y Cacharro,
la nata y flor del escuadrón bizarro;
Marrullos y Malvillo,
uno de raso azul y otro amarillo;
Garrón, Cerote y Burro,
gatos de un zapatero.

Mas ¿para qué discurro
con verso torpe y proceder grosero,
cuando lo menos de lo más refiero,
si me aguardan las damas que aquel día
mostraron cuidadosa bizarría?

Vino Miturria bella,
Motrilla y Palomilla,
la flor de la canela y de la villa,
y cada cual en la opinión doncella;
cosa dificultosa:
por eso es bien que la mujer hermosa,
cuando honesta se llama,
tenga por obras el perder la fama.
Y entre todas fue rara la hermosura
de la bella y discreta Gatifura,
y vestida de nácar Zarandilla,
la gata más golosa de Castilla.
Ocupadas las sillas y el estrado,
salió Trebejos, gato remendado,
y sacando a la bella Gatiparda,
comenzaron los dos una gallarda,
como en París pudiera Melisendra;
y luego, con dos cáscaras de almendra
atadas en los dedos, resonando
el eco dulce y blando,
bailaron la chacona
Trapillos y Maimona,
cogiendo el delantal con las dos manos,
si bien murmuración de gatos canos.
Mas ya, Musas, es justo
que me deis vuestro aliento y vuestro gusto,

canoro, sí, mas claro,
que parezca de un nuevo Sanazaro;
denme vuestros cristales en los labios,
que de ignorantes me los vuelvan sabios;
que Zapaquilda de la mano sale
de doña Golosilla, su madrina,
saya entera de tela columbina,
de perlas arracadas,
en listones de nácar enlazadas;
la cabeza de rosas primavera,
más estrellada que se ve la esfera;
el blanco pelo, rubio a pura gualda,
y un alma en cada niña de esmeralda,
de cuyos garabatos
colgar pudieran las de muchos gatos;
chapines de tabí con sus virillas
entre una y otra descubriendo espacios,
de la roja color de los topacios,
de nuestra edad y siglo maravillas;
que lo que ser solía
un medio celemín con ataujía,
un pirámide es hoy de tela de oro,
y cuestan sus adornos un tesoro
que ponen miedo de casarse a un hombre,
subiendo el dote a un número sin nombre
si piensa sustentar traje tan rico.
Sentóse al fin mirlándose de hocico,
y prosiguió la fiesta de la danza
contra la posesión de la esperanza.
Mas ¡quién dijera que saliera incierta!
Marramaquiz, entrando por la puerta,
vencido de un frenético erotismo,

enfermedad de amor, o el amor mismo.
Suspenso y como atónito el senado
de ver de acero y de furor armado
un gato en una boda,
donde es propia la gala, y no el acero,
alborotóse toda,
y Zapaquilda, viéndole tan fiero
humedeció el estrado, y con mesura
comunicó su miedo a Catafura,
si bien consideraba
que entonces Micifuf ausente estaba.
Porque sólo esperaban que viniese,
y que la mano práctica le diese,
de que ya la teórica sabía
que confirmase tan alegre día.

En esta suspensión, todos turbados,
Marramaquiz abrió los encendidos
ojos, vertiendo de furor centellas;
los dejó temerosos y admirados.
E imprimiendo esta voz en sus oídos
al aliento feroz de sus querellas:
«Villanos, descorteses,
más falsos y traidores
que moros y holandeses,
porque siendo fautores
no sois en las maldades inferiores;
escuadrón de gallinas,
junta de gatos viles,
que no de bien nacidos;
bajos habitadores de cocinas,
entre asadores, ollas y candiles,

donde, como a cobardes y abatidos,
la más humilde esclava os apalea,
no trocando jamás la chimenea
por la guerra marcial y sus rebatos;
lamiendo lo que sobra de los platos,
y durmiendo el invierno, cuando eriza
los cabellos el hielo,
revueltos en la cálida ceniza,
hasta que ardiente el sol corona el cielo.
Yo soy Marramaquiz; yo soy, villanos,
el asombro del orbe,
que come vidas y amenazas sorbe;
aquel de cuyos garfios inhumanos,
león en el valor, tigre en las manos,
hoy tiemblan justamente
las repúblicas todas;
que desde el Norte al Sur por varios mares
mira de Febo la dorada frente,
y el que ha de hacer que tan infames bodas,
y con tantos azares,
sean las de Hipodamia,
está en vosotros resultando infamia.»

¡Oh musas!, este gato había leído
a Ovidio, y por ventura
de la fábula de Hércules quería
el ejemplo tomar, pues atrevido
Hércules se figura,
y los gatos, centauros que aquel día
murieron a sus manos;
porque no fueron pensamientos vanos
los de sus celos locos,

pues de sus manos se escaparon pocos,
llamándolos traidores Mauregatos,
que levantando una cuchara de hierro,
a eterno condenándolos destierro,
fue Taborlán de gatos,
haciendo más estragos su arrogancia
que en Cartago y Numancia
el romano famoso.
A un gato que llamaban el Raposo,
más que por el color, por el oficio,
la cara, que no tuvo reparada,
quitó de una valiente cuchillada,
imposible quedando al beneficio;
y de un envés que sacudió, Garullo
dio el último maúllo;
cortó una pierna al misero Trebejos,
gran cazador de gansos y conejos;
desbarató el estrado,
que pensaron guardar gatos bisoños,
con cucharas de palo por espadas,
que de galas quedó todo sembrado,
naguas, jaulillas, guantes, ligas, moños,
rosetas, gargantillas y arracadas,
chapines, orejeras y zarcillos,
y porque defendió llegar Malvillos
a robar a la novia, dio dos cabes,
como Hércules a Licas;
y quebrando con él a dos boticas,
desde una claraboya,
cuanto componen purgas y jarabes.
Ni a vista de sus naves

fue más furioso Aquiles cuando, en Troya,
le dijeron la muerte de Patroclo,
ni con mazo y escoplo
tantas astillas quita el carpintero
como vidas quitó, celoso y fiero,
ni más sangriento Nero
la misera plebeya
gente miró quemar desde Tarpeya.
En fin, llegando donde ya tenía
Zapaquilda la vida por segura,
le dijo: «Tente, ¿dónde vas, perjura?»
Ella, temblando, respondió turbada:
«Huyendo el filo de tu injusta espada,
que se quiere vengar de mi inocencia
con tan fiera insolencia,
quitándome mi esposo;
pero yo me sabré quitar la vida,
Polifemo de gatos.»
«Ojos hermosos siempre y siempre ingratos
—le respondió furioso—,
¿desa manera habláis en mi presencia?
¡Oh gata la más loca y atrevida!
Yo solo soy tu esposo, fementida;
y al villano que piensa que a sacarte,
con este casamiento, será parte
de estas enamoradas uñas mías,
que vencen las arpías;
verás, si no me huye
y el bien que me quitó me restituye,
cómo le mate, y desollando el cuero
le vendo para gato de dinero.»

«Si tú —le respondió— mi dulce esposo
me matares, tirano,
yo con mi propia mano
me quitaré la vida.»
Furioso entonces, sobre estar celoso,
de donde estaba, ¡ay mísera!, escondida,
trasladóla a sus brazos inhumanos
cual suele yedra, a los del olmo asida,
trepar lasciva a la pomposa copa,
vistiendo el tronco de su verde ropa,
de tiernos lazos y corimbos llena.
Así Paris robo la bella Helena,
las naves aguardando en la marina;
y así fiero Plutón a Proserpina.

Ella entonces llamaba
a Micifuf a voces
que no la oía, porque ausente estaba.
Al fin, tirando coces,
se le cayó un zapato;
mas ni por eso se dolió el ingrato,
viendo correr las lágrimas por ella;
y él, corriendo con ella
que ni deudo ni amigo la socorre,
la puso de su casa en una torre,
como tuvo Galván a Moriana.
Tal es del mundo la esperanza vana,
porque quien más en los principios fía,
no sabe dónde ha de acabar el día.

SILVA VI

Cuando el soberbio bárbaro gallardo
llamado Rodamonte
porque rodó de un monte,
supo que le llevaba Mandricardo
la bella Doralice,
como Arïosto dice,
a dieciséis de agosto
que fue muy puntual el Arïosto,
cuenta que dijo cosas tan extrañas;
que movieran de un bronce las entrañas;
prometiendo arrogante
no ver toros jamás ni jugar cañas,
aunque se lo mandasen Agramante,
Rugero y Sacripante,
ni comer, a manteles,
ni correr sin petral de cascabeles,
ni pagar ni escuchar a quien debiese,
porque más el enojo encareciese,
ni dar a censo, ni tomar mohatra,
ni pintar con el áspid a Cleopatra.

Y lo mismo decía, cuando el rapto
de Helena fementida,
el griego rey Atrida
contra el pastor para traiciones apto,
que dio en el monte Ida
en favor de Acidalia la sentencia;
que hay muchas de la vera de Plasencia,
que vienen más tempranas
si las hacen los ojos

de juveniles bárbaros antojos;
que aún no repara en canas
esto que todos llaman apetito,
y más donde no tienen por delito
que la santa verdad corrompa el premio.
Mas todo ese proemio
quiere decir, en suma,
aunque era campo de extender la pluma,
lo que el valiente Micifuf, oyendo
el suceso estupendo
del robo de su esposa,
Helena de las gatas
dijo con voz furiosa
cuando, galán, venía a desposarse
tan imposible ya de remediarse.
De las tremantes ratas
fugitivo escuadrón con pies ligeros
temeroso ocupó los agujeros,
y arrojando la gorra,
que fue de un ministril de Calahorra,
hizo temblar la tierra
a fuego y sangre prometiendo guerra.
Ferrato, ya perdida la esperanza,
mesándose las barbas y cabellos
blancos, que nunca blancos fueron bellos,
culpaba su tardanza,
porque las dilaciones
pierden las ocasiones,
porque en la calva tienen un copete,
que solo se le coge el que acomete,
porque aguardar a que la espalda vuelva,
es seguir un venado por la selva,

que alcanzarle no fuera maravilla
quien le fuera siguiendo por la villa.
Micifuf la tardanza disculpaba
con que lejos vivía
el zapatero, que esperando estaba
(¡ah, cuántos males causa un zapatero!),
y que después calzarle no podía,
aunque los dientes remitiese al cuero,
las botas justas, que con calza larga
era la gala entonces, que por fresco
dicen autores que mató el griguiesco,
por quitar la opresión de tanta carga.
¡Oh, quién para olvidar melancolías
de las que no se acaban con los días,
un gato entonces viera
con bota y calza entera!
Pero ¿dónde me llevan niñerías,
que en Italia se llaman bagatelas,
ingiriendo novelas
en tan funestos casos,
más dignos de Marinos y de Tassos,
que de Helicona son solos y soles,
que de mis versos rudos españoles?
Lloraba Micifuf, lloraba fuego,
que fuego lloran siempre los amantes,
arrojando los guantes
a quien los cultos llaman *quirotecas*
(¡oh, bien hayan Illescas y Vallecas!)
sin admitir un punto de sosiego,
como en Paris el moro, en Troya el griego.
No suele de otra suerte pasearse
quien tiene algún extraño desconcierto,

sin que pueda apartarse
del negocio que trata,
pálido el rostro, de sudor cubierto,
como ya por su honor, ya por su gata,
inquieto Micifuf se condolía
por dilatar de la venganza el día.

En tanto, pues, que amigos y parientes
consultaban el modo
como acabar del todo
agravios tan infames e insolentes,
Marramaquiz, estaba
solicitando el pecho
de Zapaquilda, de diamantes hecho,
que en la dura prisión perlas lloraba,
a guisa de la aurora,
que parece más bella cuando llora;
que la mujer hermosa,
cuando baña la rosa
de las mejillas con el tierno llanto,
aumenta la hermosura,
si no da voces y en el llanto dura.
Marramaquiz, en tanto,
produciendo concetos,
de su locura efetos,
ya en prosa, ya en poesía,
desvelado la noche y triste el día,
se alambicaba el misero cerebro.
No dejaba requiebro
que no imitase tierno a los orates
que el mundo amantes llama,
y de la tierna dama

amores y cariños,
hasta los disparates
que les dicen las amas a los niños
cuando les dan el pecho a las mañanas,
que intrínseco amor diciendo ufanas:
Mi rey, mi amor, mi duque, mi regalo,
mi Gonzalo; mas esto solamente
si se llama Gonzalo,
porque fuera requiebro impertinente
si se llamara Pedro, Juan o Hernando;
que convienen las flores con los frutos
y a las cosas también sus atributos.
Estaba el sol apenas matizando
las plumas de las alas de los vientos,
dando a los dos primeros elementos,
esmeraldas al uno, al otro plata,
cuando salía por su amada gata
al soto de Luzón el triste amante,
sin respetar el arcabuz tronante,
a buscar el gazapo entre las venas
de la tierra, que apenas
salir al campo osaba,
y de una manotada le pescaba.

No había pez ni pieza
de vaca en la cocina
que, en volviendo Marina
a buscar otra cosa la cabeza,
no caminase ya por los tejados
para el dueño cruel de sus cuidados;
tan ligero y veloz, tan atrevido,
que no paraba, sin hacer ruïdo,

hasta sacar la carne de la olla,
del asador la polla,
aunque sacase, por estar ardiendo,
o pelada la mano o con ampolla
fufú, fufú, diciendo.
¡Oh, amor! ¡Oh, cuántas veces
de la misma sartén sacó los peces
sin cucharas de hierro ni de plata!
Y la cruel, a mas amor, más gata.

«¿Es posible —decía
con lastimosas quejas—,
¡oh más dura que mármol a mis quejas!
(porque el gato las églogas sabía),
y al amoroso fuego que me enciende,
más helada que nieve, Galatea,
que de mi fuego el hielo te defiende
de ese pecho cruel, que me desea
la muerte; que antes sea
la de tu Adonis, Micifuf cobarde,
que gozarás cruel, o nunca o tarde,
que no te duelen tantas penas mías,
ni el verte tantos días
cautiva en esta torre,
que ni te viene a ver ni te socorre;
que para aborrecerle te bastaba?
Micilda me buscaba,
Micilda me quería;
por ti la aborrecía,
siendo gata de bien, siendo estimada
por honesta doncella, y retirada
de amigas, de papeles y paseos,

que, clandestinos, trazan himeneos
¿Qué no dejé por ti, que te has casado
con un gato afrentado? Que si fuera
afrenta entre los hombres el ser gato,
que la costumbre toda ley altera,
sólo este fuera gato por ingrato.»
«No te canses —la gata respondía
con ojos zurdos de Nerón romano—,
Marramaquiz tirano,
que siendo, como es, justa mi porfía,
ni he de temer tus daños
ni me podrás vencer con tus engaños.»
«¿Qué obstinación, qué furia
te obliga, Zapaquilda, a tanta injuria?
Mira que la nobleza
de tu celoso amante,
siendo tan arrogante,
a su misma cruel naturaleza
se rebela, teniéndote respeto,
añadiendo al ser noble el ser discreto.»
Este apóstrofe ha sido
justamente advertido
a la gata cruel desamorada,
por lo que a los retóricos agrada,
que adornan la oración con voces puras,
y sacan un retablo de figuras;
que cuanto a mí, jamás me atravesara
con gente de uñas y de mala cara.

Ya Micifuf en casa de Ferrato
juntaba deudas, procuraba amigos,
de su dolor testigos,

acusando el cruel bárbaro trato
del común enemigo, que este nombre
como al turco le daba,
y porque más de su maldad se asombre,
el robo de su esposa exageraba;
que cada cual en su dolor y pena
hasta una gata puede hacer Helena.
Estando, pues, sentados en secreto
en el zaquizamí de su posada,
dijo a la noble junta lastimada
con triste voz, de su desdicha efeto:
«Aquel justo conceto
que de vuestro valor tengo formado
me excusa de retóricos ambages,
amigos y parientes,
si estuvisteis presentes
a la dura ocasión de mi cuidado,
de que tan tarde me avisaron pajes;
que siempre llegan tarde los avisos
a los que son, para su bien, remisos.
¿Con qué podré moveros?
¿Con qué podré obligaros?
O ¿qué podré deciros
que pueda enterneceros,
que pueda provocaros
si no son los suspiros,
medias voces del alma,
cuando, con el dolor, la lengua calma?
Éste, que aquí no explico,
está diciendo el pálido semblante
lo que con muda lengua significo,
pues cuanto más la encubre y adelante,

más corto he de quedar; que los enojos
remiten la retórica a los ojos;
que la muda tristeza muchas veces
el Demóstenes fue de la elocuencia,
y más donde son sabios los jüeces,
que excusan de captar benevolencia,
pues ni pudiera en Grecia, en su Liceo,
ver más doctrina que en vosotros veo.
Todos Platones sois, todos Catones;
más podrá la razón que las razones.
Yo vine, provocado de la fama,
a ver de Zapaquilda la hermosura,
por alta mar del hado conducido,
donde mis ojos encendió su llama,
fuego de fénix, que a los siglos dura,
opuestos a la muerte y al olvido.
Si fui favorecido,
si agradeció mi amor y pensamiento,
bien lo dice el tratado casamiento,
pues que nos veis con la ocasión perdida,
sin libertad, y yo sin vida.
Cortés la qüise sin violencia alguna,
que nunca fue violenta la fortuna.
Cuando pagó mi amor, yo no sabía
como quien era gato forastero,
que este tirano a Zapaquilda amaba;
con esto, la primera luz del día,
y con ella su cándido lucero,
en mis ojos brillaba
primero que en las flores,
a su ventana repitiendo amores.

»—Allí también en su primera estrella
la noche me buscaba divertido,
adorando las tejas,
de sus balcones rejas
y dulce elevación de mi sentido,
hasta que hablar con ella
envidioso, traidor y fementido,
me vio en su celosía,
donde probó mi amor su valentía.
Resultó la prisión, y es tan villano,
que ha engañado a Micilda,
y dádola su fe, palabra y mano
de que será su esposo
siendo cumplirla el acto más honroso.
Cuando me vio casar con Zapaquilda,
en afrenta de todos sus parientes
y amigos, que presentes
estuvieron atónitos al caso,
echando los más graves por la tierra,
como estaban de boda. Y no de guerra,
padeciendo mi sol tan triste ocaso,
se la llevó con atrevido paso,
celoso el corazón, la vista airada,
hiriendo a quien delante se le puso;
tanto, que con Garraf de un gatada
los botes y redomas descompuso
de un boticario que vivía enfrente;
y como de repente
en un perol cayese desde un banco,
todo lo revistió de ungüento blanco;
vertió una medicina,
y paró medio muerto en la cocina

en ocasión tan dura,
en ocasión tan triste,
que es mármol quien las lágrimas resiste.
Mas quiero epitomar mi desventura:
mi esposa me han robado;
sin honra estoy.» Aquí, si no fue mengua
fue el silencio la voz, los ojos lengua,
porque la grave pena,
cortando la razón, dejóle mudo.
Enternecióse el ínclito senado,
haciendo propia la desdicha ajena,
luego que vio que proseguir no pudo,
y respondió Panzudo,
un gato venerable de persona,
aunque pelado de cabeza estaba,
cosa que a muchos buenos acontece;
si bien esto no fue lo que parece
cuando a un amante viene la pelona,
mas golpe que le dio cierta fregona,
que de un menudo que lavar pensaba,
cuando menos atenta le miraba,
asido del principio de una tripa,
que a la vista las manos anticipa,
la fue desenvolviendo hasta el tejado,
como cordel de un cabo y otro atado,
del ovillo de sebo el laberinto,
y cada cual de todos participa
de este dolor, como si propio fuera;
dijo con el semblante mesurado,
en prudentes palabras desatado:
«Con justa causa Micifuf espera
verse favorecido,

y vengado también del atrevido
que le robó su esposa;
fatal desdicha de mujer hermosa.»
Y respondió Tomillo,
propia razón de gato mozalbillo:
«Por mí ya lo estuviera,
porque con estas uñas se le diera.»
Pero Zurrón, que le miraba enfrente,
le dijo: «Con un gato el más valiente
que han visto los tejados de esta villa,
mejor es, a la usanza de Castilla,
escribirle un papel de desafío.»
«No es ese el voto mío
—Garrullo replicó—, ni que se intente
venganza de victoria contingente;
que siempre ha estado en varias opiniones
si ha de haber desafío en las traiciones.
Soy de voto que tome el agraviado
un arcabuz, y aguarde
al gato más valiente o más cobarde,
castigo de que vive descuidado
sin miedo del que agravia,
y propio efecto de la noche oscura.»

«Si se pudiera ejecutar segura,
fuera venganza sabia
—dijo Chapuz, valiente
gato de buenas partes—;
mas son tantas las artes
de ese Marramaquiz, gato insolente,
que no dará ocasión que se ejecute,
por mucho que la noche el rostro enlute;

y, de mi parecer, mejor sería
querellarse del robo y castigarle
por términos jurídicos y darle
muerte que corresponda a la osadía.»
«Dirán que es cobardía
—Trebejos replicó—, ni esa querella
está bien al honor de una doncella,
que es poner su defensa en opiniones;
que se averigua mal con las razones
aquello que la causa pone en duda;
que no hay para mujeres lengua muda;
que ha dado el mundo en bárbaras querellas,
no pudiendo excusar el nacer de ellas.

»Pleitos aún no son buenos para gatos,
porque es gastar la vida y la paciencia
no hay que tratar de tratos ni contratos,
ni andar en pruebas, ni esperar sentencia.
Si aquesta injuria ha de quedar vengada,
remítase a la pólvora o la espada.»
«Bien dice —respondió Raposo, haciendo
debido acatamiento al gran senado—
Trebejos; y no es justo,
aunque se pruebe lo que estáis diciendo
y quede a vuestro gusto sentenciado,
que das al pueblo gusto,
al teatro sacando neciamente
un gato con capa y caperuza,
y no menor locura que se intente,
no siendo Micifuf el moro Muza,
tratar de desafíos
con quien sabéis que tiene tantos bríos.

Perdóneme Zurrón, Capuz perdone,
y aunque la edad le abone
me perdone Panzudo
si de su parecer mi intento mudo;
que el mío es juntar gente
para tan grave empresa conveniente,
y formando escuadrones
de caballos y armada infantería
de toda la parienta gatería,
hacer guerra al traidor, cercar la tierra,
y asestándole tiros y cañones,
batirle la muralla noche y día,
hasta saber qué gente le socorre;
porque si el campo Micifuf le corre,
y el sustento le quita,
y que deje la plaza necesita,
o en forma de batalla
asalta la muralla,
él se dará a partido,
o le castigaréis siendo vencido.
Sacad banderas, pues; tóquense cajas,
haciendo las baquetas
los pergaminos rajas;
terciad las picas, disparad cometas,
que así cobró su esposa en Troya el griego,
publicando la guerra a sangre y fuego.»

Calló Raposo, y luego del senado
el voto conferido,
guerra quedó determinado,
por ser de todos el mejor partido,
más justo y más honroso.

Y dando Micifuf, como era justo,
brazos y las gracias a Raposo,
brotando humor adusto,
a hacer la leva de la gente parte.
Perdona, Amor, que aquí comienza Marte,
y sale Tesifonte,
a salpicar de fuego el horizonte;
suspende entre las armas los concetos;
pues das la causa, escucha los efetos,

SILVA VII

Al arma toca el campo micigriego,
contra Marramaquiz, gato troyano;
violento sube, aunque oprimido en vano,
a la religión elemental el fuego;
inquietan de los aires el sosiego,
con firme agarro de la uñosa mano,
banderas, que con una y otra lista,
trémulas se defienden a la vista
permitiendo, pues no dejan verse,
que las colores puedan conocerse,
respondiéndose a coros
las cajas y los pífanos sonoros,
y al paso que se alternan,
siguiendo el son marcial los que gobiernan.
Y luego, los soldados,
de acero, y de ante, y de valor armados,
agujas del cabello por espadas,
y solo descubriendo las celadas,
por delante, mostachos,

y por detrás, plumíferos penachos,
marchando con tal orden que la planta
donde el que va delante la levanta,
estampa el que le sigue,
sin que el bastón del capitán le obligue,
y al son de las trompetas resonantes,
picas a los hombros los infantes,
quien la variedad y los colores
formaban un jardín de varias flores,
a la manera que el abril le pinta
en cultivada quinta,
las picas de los bravos marquesotes
de varas de medir y de virotes,
ya de los plebeyos,
baquetas de Babiecas y Apuleyos,
sin escuadras gallardas,
que llevaban en forma de alabardas
aquellos cucharones
que suelen sacar alcaparrones,
y con las palas, como medias lunas,
las sabrosas de Córdoba aceitunas;

Córdoba, donde nacen andaluces
Góngoras y Lucanos;
y encendidas las cuerdas en las manos,
no de Milán dorados arcabuces
llevaba la lucida infantería,
mas de huesos de piernas de carnero,
que gatos de uno y otro pastelero
trajeron a porfía,
que no fueron de gato de ventero,
sospechosos en tales ocasiones,

y de huesos de vaca los cañones
para batir la torre.
Con esto Micifuf el campo corre
y pone cerco al muro,
armado de un arnés cóncavo y duro
de un galápago fuerte,
que sin salir de sí le halló la muerte;
la cabeza adornada
de un sombrero, la falda levantada,
de un trencellín ceñido,
el pasador y hebilla guarnecido,
con pluma verde oscura,
señales de esperanza con tristeza,
aunque la justa causa la asegura;
con tanta gentileza
al caballo arrimaba
la estrella de la espuela,
y con la negra rienda le animaba
a la obediencia del dorado freno,
de espuma y sangre lleno,
que sin tocar los céspedes volaba.
Ni es nuevo el ver que vuela,
pues que pintan con alas al Pegaso
volando por las cumbres del Parnaso,
que vemos en Orlando el hipogrifo,
monstruo compuesto de caballo y grifo.

Mas si dudare alguno de que hubiese
caballos tan pequeños,
pareciéndole sueños,
y a la Naturaleza le quisiese
quitar de milagrosa el atributo,

aunque sea sin fruto
la tácita objeción, quedará llana
con irse de aquí a Tracia una mañana
que esté desocupado
de los negocios de mayor cuidado,
y verá los pigmeos,
que en la región de trogloditas feos
también los pone Plinio,
que hizo de estos monstruos escrutinio,
y en las lagunas del egipcio Nilo
otros autores por el mismo estilo,
que escriben que trayendo de Etiopía,
donde hay bastante copia,
dos pigmeos a Roma (gente grave),
se murieron de cólera en la nave.

Homero les da patria al Mediodía,
con su intérprete Eustacio;
Mela, de Arabia en el ardiente espacio,
que el sol fénix mayores monstruos cría,
puesto que, aunque confiesa tales nombres,
Aristóteles niega que son hombres.
Ni en su *Ciudad de Dios* pasó en olvido
el divino Africano los pigmeos,
y Juvenal *umbrípideo* los llama,
sin otros que han negado y defendido
esta opinión, que divulgó la fama.
Pero pues pintan monstruos semideos,
que por los montes van de rama en rama,
las poéticas trullas,
diciendo que batallan con las grullas,
no será mucho que haya semihombres.

Éstos, con cierta patria y ciertos nombres,
en la misma región caballos tienen,
de donde nuestros gatos se previenen;
que a hacer de solo un codo
hombres Naturaleza,
como pintor que muestra la destreza,
a un naipe todo un cuerpo reducido,
y los caballos no del propio modo,
mayor monstruosidad hubiera sido
de su instrumento ilustre y poderoso;
que mal pudiera andar hombre muñeca
en el lomo espacioso
de un gigante Babieca;
así que la objeción no es de provecho,
pues queda el argumento satisfecho;
demás de que el lector puede, si quiere,
creer lo que mejor le pareciere;
porque si se perdiese la mentira,
se hallaría en poéticos papeles,
como se ve en Homero, describiendo
a la casta Penélope, que admira
por los amantes necios y crueles,
tejiendo y destejiendo,
sin dejarla dormir, de puro casta.
Y lo contrario para ejemplo basta,
haciendo deshonesta
Virgilio a Dido, Elisa por Eneas,
como le riñe Ausonio,
aunque logró tan falso testimonio,
menos las aguas que pasó leteas,
donde escribió Merlín con cuáles iras
castigan al poeta sus mentiras.

Mas vuelve, ¡oh musa!, tú, para que pueda
ayudarme el favor de tu gimnasio,
que para lo que queda,
aunque parece poco,
al señor Anastasio
Pantaleón de la Parrilla invoco,
porque de su tabaco
me dé siquiera cuanto cubra un taco.
Marramaquiz, aunque lo supo tarde,
había hecho alarde
de sus gatos amigos,
y halló que para tantos enemigos
era su gente poca;
mas, como la defensa le provoca,
las armas al asalto prevenía,
supuesto que tenía
poco sustento para cerco largo;
y cuidadoso de su nuevo cargo,
más triste y desabrido
que poeta afligido,
que ha parecido mal comedia suya,
o bien la de su cómico enemigo,
andaba por la torre,
y viendo que su esposo la socorre,
Zapaquilda, más llena de aleluya,
más alegre, contenta y más quïeta
que aquel mismo poeta,
si ha parecido mal, siendo él testigo,
la del mayor amigo.
Prevenido, en efecto,
de toda defensión y parapeto,
sacó sus gatos, animoso, al muro,

por todas las almenas y troneras,
vestido de banderas,
que en alto y de diversos tornasoles,
eran entre las nubes arreboles:
y coronado de diversos tiros,
soldados de valor y archimargiros,
opuestos a la furia del contrario,
como se mira altivo campanario
de aldea, donde hay viñas,
para bajar después a las campiñas,
cubierto por el tiempo de las uvas
del escuadrón de tordos,
que en aquella sazón están más gordos,
cuando los labradores
limpian lagares y aperciben cubas;
así la negra cúpula tenía
de soldados, de tiros y atambores,
no menos valerosa gatería.
Quien viera el pie que el escuadrón ceñía
de Micifuf, y el chapitel armado
de uno y otro gatífero soldado,
dijera que tal vista no fue vista
de Dario ni de Jerjes,
ni tanto perdigón haciendo asperges
en ninguna conquista,
ni la vio Cipión ni el rey Ordoño,
como en Cartago aquél, éste en Logroño;
y aunque entre la de Ostende,
pero sin *nobis domine,* se entiende.
Ver tanto gato, negro, blanco y pardo
en concurso gallardo
de dos colores y de mil remiendos,

dando juntos maúllos estupendos,
¿a quién no diera gusto,
por triste que estuviera,
aunque perdido injustamente hubiera
un pleito, que es disgusto
después de muchos pasos y dineros,
para leones fieros?

Prevenidos, en fin, para el asalto,
mueven a sobresalto
los ánimos valientes
las retumbantes cajas,
previenen uñas y acicalan dientes,
calando juntas las celadas bajas,
que en las frentes bisoñas
más eran de sartén que de Borgoñas,
pero en silencio los clarines roncos,
que sonaban a modo de zampoñas,
puesto a la margen de unos verdes troncos,
que no importa saber de lo que fueron,
de pies en uno Micifuf bizarro,
cuando del sol el carro
que Etontes y Flegón amanecieron,
atrás iban dejando el mediodía,
dijo a su belicosa infantería,
que atenta le escuchaba,
que aunque era gato, Cicerón hablaba:
«Generosos amigos,
de mis afrentas y dolor testigos:
la honra, que los ánimos produce,
a tan ilustre empresa me conduce;
ésta sola me anima;

quien no sabe qué es honra, no la estima.
Miente el que dijo, y miente el que lo estampa,
que un *bel fugir tutta la vita scampa;*
pues mejor viene agora,
que *un bel morir tutta la vita onora.*

»Es la virtud del hombre
la que le indina a los ilustres hechos;
digna es la fama de valientes pechos.
Hoy habéis de ganar glorioso nombre;
ninguna fuerza ni amenaza asombre
que tenéis de gatos bien nacidos;
que estos viles alardes
(porque en siendo traidores, son cobardes,
ya están medio vencidos
con sólo haber llegado a sus oídos
que yo soy quien os guía.
A Aníbal preguntó Cipïón un día
que cuál era del mundo el más valiente;
y él respondió feroz con torva frente:
«Alejandro, el primero;
el segundo fue Pirro, y yo, el tercero.»
Si entonces yo viviera
cuarto lugar me diera.
Al arma acometed, yo voy delante:
y el no tener escalas no os espante,
que no son necesarias las escalas
si en vuestra ligereza tenéis alas.»

Dijo, y vibrando un fresno en la ñudosa
mano, al muro arremete,
y con él mata siete:

Maús, Zurrón, Manfrido, Garrafosa,
Hociquimocho, Zambo y Colituerto,
gatazo que, de roja piel cubierto,
crió la mondonguífera Garrida,
aunque toda su vida
más enseñado a manos y cuajares
que a nobles ejercicios militares.
Mas son tan eficaces las razones
formadas de los ínclitos varones,
como Alcïaco escribe, cuando asidos
flevaba de una cuerda de los labios
el anfitrioníades Alcides,
cuantos hombres prestaban los oídos
a la elocuencia de los hombres sabios.
Pero ya los agravios
de Micifuf la guerra comenzaban,
ya los gatos trepaban
la torre por escalas de sus uñas,
más fuertes garabatos
que los de tundidores y garduñas;
ya por la piedra entre la cal metidas,
sin estimar las vidas,
subían gatos; y bajaban gatos;
los unos, como bueyes agarrados,
que clavan en las cuestas las pezuñas;
los otros como bajan, despeñados,
de edificio que derriban,
que de su mismo asiento se derrumba,
A cuál sirven de tumba,
después que del vital aliento privan,
las losas que le arrojan;
a cuál de vida y alma le despojan

en medio del camino.
No despide en oscuro remolino
más balas tempestad de puro hielo,
que bajan plomos de la torre al suelo.
Allí murió Galván; allí, Trebejos
que le acertó la muerte desde lejos,
dándole con un cántaro en los cascos,
y otro con ollas, búcaros y frascos.

Así suelen correr por varias partes
en casa que se quema los vecinos
confusos, sin saber adónde acudan.
No valen los remedios ni las artes;
arden las tablas, y los fuertes pinos
de la tea interior el humor sudan:
los bienes muebles mudan
en medio de las llamas:
éstos llevan las arcas y las camas,
y aquéllos con el agua los encuentran;
éstos salen del fuego; aquéllos entran;
crece la confusión, y más si el viento
favorece al flamígero elemento.
Mas como el alto Júpiter mirase
desde su Olimpo y estrellado asiento
la batalla cruel de sangre llena,
temiendo que quedase
en competencia tan feroz y airada
la máquina terrestre desgastada,
justo remedio a tanto mal ordena.
«Dioses, no es justo —dijo— que la espada
sangrienta de la guerra
se muestre aquí tan fiera y rigurosa,

aunque es la misma de la griega hermosa,
y que, muertos los gatos, esta tierra
se coma de ratones,
porque se volverán tan arrogantes,
que ya considerándose gigantes,
no teniendo enemigos de quien huyan
y el número infinito disminuyan,
serán nuevos Titanes,
y querrán habitar nuestros desvanes.»

Con esto luego envía
de oscuras nieblas una selva espesa,
y la batalla cesa,
revuelto en sombras de la noche el día ;
desde aquel, con inmortal porfía
los unos y los otros prosiguieron,
aquellos en la ofensa
y estos en la defensa;
pero durante el cerco no tuvieron
remedio ni sustento los cercados;
tanto, que a Zapaquilda desfigura
la hambre la hermosura,
vuelta las rosas nieve;
por onzas come, por adarmes bebe.
Marramaquiz, que ya morir la vía,
con amante osadía,
pero sin que le viesen los soldados
salió por un resquicio a los tejados
de una tronera que en la torre había,
para coger algunos pajarillos.
Iba con él Malvillos,
que a éste solo fió su atrevimiento,

y por partir la caza del sustento;
y estando ¡oh dura suerte!
acechando a la punta de un alero
un tordo que cantaba,
la inexorable muerte,
flechando el arco fiero,
traidora le acechaba.
¿Qué prevenciones, qué armas, qué soldados
resistirán la fuerza de los hados?
Un príncipe que andaba
tirando a los vencejos
(nunca hubieran nacido,
ni el aire tales aves sostenido),
le dio un arcabuzazo desde lejos.
Cayó para las guerras y consejos;
cayó súbitamente
el gato más discreto y más valiente,
quedando aquel feroz aspecto y bulto
entre las duras tejas insepulto;
pero muerto también, como era justo,
a las manos de un césar siempre augusto.
Llevó Malvillos, pálido, la nueva
que de su fe y amor llorando en prueba,
se mesaban las barbas a porfía,
como tudescos, muerto el que los guía;

mas deseando verse satisfechos
del sustento forzoso,
rindieron las almenas y los pechos
al héroe sin victoria victorioso;
y Micifuf, con todos amoroso,
porque le prometieron vasallaje,

hizo luego traer de su bagaje,
con mano liberal, peces y queso.
Alegre Zapaquilda del suceso,
mudó el pálido luto en rico traje;
diole sus brazos, y a su padre amado,
el viejo a día, en lágrimas bañado;
y para celebrar el casamiento
llamaron un autor de los famosos,
que estando todos en debido asiento,
en versos numerosos
con esta acción dispuso el argumento,
dejando alegre en el postrero acento
los ministriles, y de cuatro en cuatro,
adornado de luces el teatro.

ÍNDICE

• OTROS TÍTULOS DE ESTA COLECCIÓN •

Alarcón, Juan Ruiz de.
–LA VERDAD SOSPECHOSA.
Alarcón, Pedro A. de.
–EL SOMBRERO DE TRES PICOS
–EL CAPITÁN VENENO
Alas «Clarín», Leopoldo.
–LA REGENTA. –2 Volúmenes
Anónimo . –EL LAZARILLO DE TORMES
Anónimo. –POEMA DE MÍO CID
Apollinaire, G.
–EL HERESIARCA Y CÍA.
–POEMAS SELECTOS
Apuleyo. –EL ASNO DE ORO
Arcipreste Hita. –LIBRO DE BUEN AMOR
Baudelaire.
–PEQUEÑOS POEMAS EN PROSA
Bécquer, Gustavo A.
–LA MUJER DE PIEDRA
–LEYENDAS
–RIMAS Y POEMAS
Berceo, Gonzalo.
–LOS MILAGROS DE NTRA. SEÑORA
Bierce, A.
–EL PUENTE SOBRE EL RÍO DEL BÚHO
Byron, Lord. –OBRA SELECTA
Calderón de la Barca.
–EL ALCALDE DE ZALAMEA
–EL GRAN TEATRO DEL MUNDO
–LA VIDA ES SUEÑO
Campoamor, Ramón.
–FÁBULAS Y OTROS POEMAS
Chejov, A. –LA DAMA DEL PERRITO
Cervantes. –NOVELAS EJEMPLARES. 2-t.
Conrad, J.
–EL CORAZÓN DE LAS TINIEBLAS
Darío, Rubén.
–AZUL...
–POEMAS SELECTOS
Defoe, Daniel.
–ROBINSON CRUSOE
–CUENTOS CRÍMENES Y FANTASMAS
–DIARIO DEL AÑO DE LA PESTE
Descartes. –EL DISCURSO DEL MÉTODO
Don Juan Manuel.
–EL CONDE LUCANOR
Dumas, A. –LA DAMA DE LAS CAMELIAS
Esopo. –FÁBULAS ESCOGIDAS
Espronceda, J.
–EL ESTUDIANTE DE SALAMANCA
Eurípides.
–LAS TROYANAS / LAS BACANTES
Fénelon.
–FÁBULAS E HIST. MARAVILLOSAS
Fernández de Moratín, L.
–EL SÍ DE LAS NIÑAS
Flaubert. –G. –MADAME BOVARY
France, A. –LA ISLA DE LOS PINGÜINOS
Freud, Sigmund. –CARTAS DE AMOR
Garcilaso de la Vega.
–POESÍAS COMPLETAS
Gibrán, Khalil.
–EL PROFETA / JARDÍN DEL PROFETA
–EL LOCO / EL VAGABUNDO
Góngora, Luis de. –POESÍA SELECTA
Guillén de Castro.
–LAS MOCEDADES DEL CID
Hartzenbusch, Juan E.
–FÁBULAS
–LOS AMANTES DE TERUEL
Heráclito, Parménides, Empédocles.
–TEXTOS PRESOCRÁTICOS
Hesíodo. –LA TEOGONÍA
Homero.
–LA ILÍADA
–LA ODISEA
Irving, Washington.
–CUENTOS DE LA ALHAMBRA
James, Henry.
–DAISY MILLER / PAPELES DE ASPERN
–WASHINGTON SQUARE
Jenofonte.
–LA EXPEDICIÓN DE LOS DIEZ MIL
Kafka, Franz.
–LA METAMORFOSIS
–AMÉRICA
–CARTA AL PADRE
–CUENTOS FANTÁSTICOS
Kavafis. –OBRA ESCOGIDA
Khayyam, Omar. –RUBAIYAT
Kierkegaard, Soren.
–TRATADO DE LA DESESPERACIÓN
La Fontaine. –FÁBULAS COMPLETAS